C000156812

600035790U

# Hexen

in der

# Landvogtei Ortenau

und

# Reichsstadt Offenburg.

---◆---

Ein Beitrag zur Sittengeschichte

von

## Franz Volk,

Bürgermeister in Offenburg.

Lahr,
Druck und Verlag von Moritz Schauenburg.
1882.

# Hexen

in der

# Landvogtei Ortenau

und

# Reichsstadt Offenburg.

———

Ein Beitrag zur Sittengeschichte

von

## Franz Volk,

Bürgermeister in Offenburg.

BIBLIOTHECA BODLEIANA

Lahr,
Druck und Verlag von Moritz Schauenburg.
1882.

# Vorrede.

Beim Nachschlagen in den alten Offenburger Ratsprotokollen stieß ich auf die Hexenprozesse. So oft ich auch schon Urteile darüber las, ich hatte dennoch kein vollständiges Bild von ihnen. Ich fühlte mich daher von den Schriftstücken angezogen. Es kam mir dabei der Gedanke, ob man nicht vielleicht Geringes zu einer richtigen Vorstellung und Auffassung jener für uns so rätselhaften Erscheinungen beitragen würde, wenn man ohne alle vorgefaßte Meinung in einem abgegrenzten Bezirke sowohl den großen Gang der Krankheit, als auch nach Möglichkeit die persönlichen Verhältnisse und Charaktere der Betroffenen, sowie das geistige Klima und Bodenverhältnis, in und auf welchem die Epidemie sich entwickelte, ausfindig zu machen strebte.

Für Offenburg und Umgebung versuch' ich dieses. Mit schwerer Mühe schleppte ich mich durch die wüste Geistesöde so vieler dicker Ratsbücher, welche hier der einzige Fundort sind. Bezüglich der Vorgänge in der Landvogtei stunden mir aus dem Generallandesarchiv „die Bekantnußen und Urpheden von verschiedenen Personen beiderley Geschlechts, verübter Hexereien halber 1557—1600" und „Constituta 1603—1630" zu Gebote. Die Akten des Reichskammergerichtsarchivs waren mir nicht erreichbar. Vorhandene Werke über Hexenprozesse habe ich in strenger Zurückhaltung keine gelesen, um bloß unter dem Eindrucke des mir vorliegenden Stoffes zu stehen. Nur zur kurzen Darstellung der Geschichte des Hexenglaubens, welche ich dem dritten

Abschnitte „Hexenprozeß" zur Einleitung gab, zog ich einschlägige Schriftsteller zu Rate und Benützung.

Erst nach langem Zögern konnte ich mich zu einer Veröffentlichung entschließen. Wer Hexenprozesse schildern will, schreibt keinen Tugendspiegel. Um auf den Grund des tiefen Schattens, den sie in das Leben der Vorfahren werfen, zu stoßen, muß er eben nur dem Dunkel nachgehen. Er darf nur auf der Nachtseite des Mondes reisen, die sonnbeleuchtete Hälfte bleibt aus seinem Gesichtskreise. Der Menschen Verirrungen in aller Vielfältigkeit sind der einzige Gegenstand seiner Beobachtung.

Unter solch obwaltenden Umständen war es Gebot der Notwendigkeit, daß ich, sollte man je über den eigentlichen Inhalt der Hexenanklagen und über den so oft gepriesenen Lebenston der verschiedenen Standesklassen in damaliger Zeit eine nähere Anschauung erhalten, in meinem sittengeschichtlichen Kleingemälde bei allem Bestreben, den Farbenton zu mildern, durch den Vorsatz gewissenhafter und unbedenklicher Treue mich manchmal widerwillig zur Zeichnung von Einzeldingen, welche das feinere Gefühl unangenehm berühren, gezwungen fand. Meine anspruchslose Darstellung, welche den widrigen Stoff ohne furchtsame Auswahl aufnahm, kann und soll daher nur für solche bestimmt sein, welche schon zur Kenntnis des Lebens und zu sittlichem Ernste gereift und noch kerngesund genug sind, unbewegt auch sonst mit Recht gemiedene Bilder einmal ganz objektiv betrachten zu können. Will man ein Übel erkennen, so muß man ihm vor das Gesicht treten und es taugt nicht, sich vornehm und spröde abzuwenden. In einer Zeit nun, wo „den mystischen Vorgängen unter Mitwirkung fremder geistiger Wesen" von Männern, wie Perty, mit Aufwand ausgedehnten Wissens das Wort gesprochen wird, wo selbst die Lindau'sche Zeitschrift „Gegenwart" (Jahrgang 1881, Nr. 16) sich verleiten läßt, die Hellseherinnen trotz ihrer hundertfach entlarvten Betrügereien der Polizei zur Auffindung von Verbrechern zu empfehlen, da wird es Aufgabe für uns Laien in der Wissenschaft werden, selber jeglichem Spuke, wann, wo und wie er sich zeigt, frischweg auf den

Leib zu gehen. Diese Erwägung ließ mich beim Zuspruche urteils=
fähiger Männer zum Entschlusse kommen, mein ursprünglich nur für
einen kleinen Kreis bestimmtes Schriftchen, welches die hiesige Ver=
folgung der Zauberinnen zu schildern sucht, meinen werten Mitbürgern
öffentlich vorzulegen. Ich wurde dem Gedanken um so leichter zu=
gänglich, als die feste Verwachsung jener Vorgänge mit der Geschichte
Offenburgs in mir die Hoffnung erweckte, daß die rege und lebendige
Teilnahme der hiesigen Bewohner an allen Geschicken unserer Stadt
in diesem Falle für mich eine Quelle zufließender Nachsicht werden
möchte.

Bei der Darstellung habe ich mich von der trockenen und oft
allzu kräftigen Aktensprache, so weit es mir gestattet schien, losgemacht,
weil sie für die Leser zu ermüdend werden müßte. Ohnehin wird
den Meisten eine Enttäuschung nicht erspart werden können. Wir
hören von den Hexen gewöhnlich nur im hochgetragenen Urteile oder
sehen sie durch den Schleier der Dichtung. Wir glauben an einen
„Zauberhauch, der ihren Zug umwittert". Dem ist in Wirklichkeit
nicht so. Es liegen uns nur Kriminalfälle vor, deren Inhalt allein
teils von wirklichen oder angedichteten Vergehen der Angeklagten gegen
die Sittlichkeit, teils und hauptsächlich von den Verbrechen der An=
kläger und Richter gegen Menschenverstand und Menschengefühl
gebildet wird.

Die Erklärung der Hexenangaben kann man nach dem, was
uns vorliegt, nie und nimmer in den Hexen selbst, sondern nur in
Anklägern und Richtern suchen. Ich habe daher auch nur in ganz
vereinzelten Fällen (Treischneizler, S. 14 und Maria Vetter, S. 39 f.)
zum Verständnisse der Haltung der Frauen ganz von ferneher auf ihre
mögliche Seelenstimmung hinzuweisen Anlaß genommen. Fälle von
Selbstanklage, auf welche die Dämonengläubigen solchen Wert legen,
sind hier keine ersichtlich. Über ihr Vorkommen, das allerdings selten
genug sein muß, kann ich mich jedoch weniger wundern, als über das
Verwundern darüber. Wie sollte denn in einer religiös strittigen,
vom Teufelsglauben durchseuchten und erregten Zeit der von melancho=

lischem Wahnsinne Befallene seine dauernden krankhaften Körper=
gefühle und Sinnestäuschungen anders deuten, als auf die Einwirkung
des bösen Dämon? Sind denn die Vorbringen solcher Irren heutigen
Tages so wesentlich verschieden von den damaligen Aussagen! Wenn
solche Kranke heute den Tod durch irgend eine Art des Selbstmords
suchen, so thun sie dasselbe, was jene mit der damaligen Selbstaus=
lieferung an das stets und immer bereite Mordgericht. Der hiesige
junge Melancholiker Menblin in seiner Bangigkeit hatte an die Richter
nur den einen Wunsch noch, daß sie mit ihm so schnell, wie möglich,
fertig machen sollen. So wird es auch bei jenen Selbstanklägerinnen
gewesen sein. Die Entstehung der Angaben angeklagter und
eingefangener Hexen wird einer unbefangenen und ruhigen Be=
trachtung der Prozesse kaum unklar bleiben können. Eine Art von
Aussagen entspringt jedoch wirklich dem Innern der Hexe. Es sind
dieses jene Angaben von Erscheinungen, welche den Angeklagten erst
nach erlittener Tortur vor die Sinne kamen. Dahin gehören die
Schilderungen des Tobias Ohnmacht (S. 13) und der Maria Vetter
(S. 45) über den Besuch des Teufels im Kerker. Wenn solchen
Unglücklichen vom Foltermeister manche Stunden lang durch Aufziehen
an den rückwärts zusammengebundenen Händen und gleichzeitigen
Anbinden zentnerschweren Gewichtes an die schwebenden Füße die
Glieder so verrenkt und gezerrt worden sind, bis die Sonne zwischen
den von einander gezogenen Gelenkflächen der Knochen durch die ge=
weitete Gelenkhöhle scheinen konnte, und wenn man ihnen gleichzeitig
alle erdenklichen Qualen zugefügt hat, so wird es erklärlich sein, daß
diese Armen, nach der langen Marter endlich in voller Erschöpfung
auf das Lager hingestreckt und nur von den Schmerzensschlägen der
schwer gepeinigten Glieder durchzuckt, zu der lebhaften Wahnvorstellung
kommen, der Böse schleudere sie an die Kerkerwand. In diesen Fällen
spricht allerdings die Hexe subjektive Wahrheit.

So weit ich in die hiesige Hexenwelt zu sehen vermochte, konnte
ich keine wahrhaftigen Dämonen entdecken, sondern erblickte immer
nur Menschen. Schärfere Augen finden vielleicht besser eine Geister=

spur. So weit es mir in das Leben jener Zeit einzubringen gelang, fand ich unsere Fehler und Leidenschaften in noch höherem Maße und in viel abstoßenderer Form der Rohheit. Die Vorzüge der guten alten Zeit vermag ich nimmer neidisch zu bewundern, mit unsern Tagen fühl' ich mich tief versöhnt.

Offenburg, im Februar 1882.

Volk.

# I.

# Hexenleben

in der

## ortenauischen Landvogtei.

Die Morgensonne des Faschingmontags sah freundlich durch die Scheiben zu mir. Ihr Gruß blieb unerwidert. Trübe las ich in den Offenburger Ratsprotokollen weiter. „Mittwoch den 12. Januar 1628. Im belittenen Rath. Deren fünf gefangene Unholden Weibern bekentnußen seindt Jhnen gestern alle vorgelesen. Die haben nun solche, die Wahrheit zu sein, bestäthiget; auch haben etliche darunter nach laut Jhrer Prothocollen etwas verschafft. Pleipt bis zu seiner Zeit und soll Jhnen der Rechtlichen Prozeß gehalten werden.

Ist durch ein ordenliche Umbfrag einhellig erkannt, daß biß Malefitz-Recht genugsam besetzt.

Magdalena, H. Stettmeister Johann Megerer's Hausfraw; Ursula Ottin, Hans Schliningers Hausfraw; Margareth, H. Christoff Kasten Frau; Maria, Hans Ernsten Hausfraw, und Maria, Hans Scheutlin's Dochter, sollen wegen bekannter fleischlichen Vermischung und Vermählung mit dem bösen Geiste, Verläugnung Gottes und aller Heiligen, auch verübten Zauberey und Hexenwerks biß künftigen Freitag erstlich mit dem Schwehrt vom Leben zum Tod gericht undt sollen nachgehendts Jhre Häupter und Körper zu Aschen verbrennt werden. Gott sey Jhnen gnedig undt barmhertzig. Des Scheutlin's Dochter soll man zu Ersten richten.

Freitag d. 14. Jan. 1628. Im belittenen Rath.

Ist einhellig erkennt, daß es wegen der fünfen Malefitzpersonen bei dem am Mittwoch gefelten Urtheil allerseits bewenden sollen."

Ich begleitete in meinen Gedanken schwerbeklommen den Wagen
mit den unglückseligen Frauen auf seiner Fahrt zum schauerlichen
Richtplatze durch die Straßen hin und sah die begleitende Menge höh=
nenden Pöbels, da ertönte plötzlich vor meinem Fenster der wild
lärmende Schrei: „Schellen, Schellen Sechser! Alte, Alte Hexen Narro!"
Bei dem Hause zog ein schellenbehangener Hansel am Arme einer
Altweibermaske vorüber und hatte mit rauhem Tone den Ruf erhoben,
den sofort hundert Glockenstimmen froher, ihnen folgender Kinder in
hellem Klange wiederholten. Welch überraschender Gegensatz! Der=
selbe Mengeruf „Alte Hexe!", welcher vor kaum drei Jahrhunderten
die gebildetsten und gewissenhaftesten Richter zum verantwortungs=
schweren Ausspruche geschärften Todesurteils bestimmte, ist heute die
lachende Losung närrischer Ausgelassenheit! Zu solchem Übergange
müssen wahrlich in der Volksseele viele Wandlungen von Grund aus
stattgefunden haben. Die beredteste und eindringlichste Beweisführung
der Möglichkeit menschlichen Irrtums vermag nicht den Stolz und die
Zuversicht unseres Urteils, welches so gerne in herrischem Hochmute
zur Verfolgung anderer Überzeugung schreitet, so beschämend zur Demut
zu kehren, als ein unbefangener Blick auf diese Umgestaltung des
Glaubens an eine Wahrheit, welchem von Kaiser und Papst,
Gerichtshöfen, Fakultäten und Synoden, so wie vom ganzen Volke die
vollste Anerkennung gezollt und die blutigsten Opfer gebracht worden,
in die unwiderlegliche Erkenntnis, daß dieser Wahrheits=
moloch nur ein leerer Wahn ist, dem die Millionen Unschuldige
durch Feuer und Schwert gefallen sind.

Auch hier, wo das Auge lusttrunken über die blühenden silber=
durchfluteten Auen des Rheinthales bis zu den blauen Vogesen schweift,
welche in scharfen Linien den Abendhimmel begrenzen, und zögernd
sich wieder zurück zu den üppigen Rebhügeln wendet, welche von der
sinkenden Abendsonne vergoldet, ihre laubbekränzten Häupter träumend
in den Schatten der Schwarzwaldtannen legen; auch hier, wo uns
das breitbrüstige Thal heiter den körnerreichen Ährenkranz zuwirft und
der sonnige Berg den gewürzbuftigen Weinkelch reichet, damit da nur
willige sorglose Arbeit, friedfertiges Glück und Lebensfreude ihren
Wohnsitz haben sollen: auch in unsere liebe heimatliche Ortenau zog
der finstere häßliche Gast unwiderstehlich herein und forderte herrisch

Huldigung und Blutsteuer. Von Papst und Kaiser anerkannt, galt er den Richtern als rechtmäßiger Herrscher. Sie türmten ihm zu Gebote die Scheiterhaufen, schwangen das nimmersatte Schwert und führten als Schirmer des göttlichen und menschlichen Rechts ein bleiches Opfer um das andere zum Richtblocke oder flammenden Holzstoße sowohl im Gebiete der Landvogtei als in der Reichsstadt Offenburg.

## Hexenleben in der Landvogtei Ortenau.

Soweit meine Quellen reichen, eröffnet als Erste den ortenauischen Hexenreigen im Juli 1557

Anna, Hausfrau des Claus Schütterlin von Zell. In ihrem Verhöre gesteht sie verbotenen Umgang mit dem Knechte Georg Zimmer und mit ihrem Schwager Andreas. In die Zauberei wurde sie von ihrer Mutter eingeführt, welche ihr einen kleinen Hafen mit Nacht= schatten und Klettenkraut gab und sie damit in das Feld schickte, einen Hagel daraus zu sieden. Zum Durchbruch kam aber die Zauber= anlage erst durch die feurigen Wechselbeziehungen ehlicher Liebe. Eines Tages setzte sich nämlich ihr Mann, statt Dung in die Reben zu tragen, mit seinem Mistführer gemütlich in die Wohnstube und ließ die Frau in den Reben seiner harren, denn der Wein war zu gut und das Zechen so mühelos. Anna eilte endlich nach Haus und machte dem pflichtvergessenen Trinker bittere Vorwürfe. Als der Mann dar= über erboste und sie schlagen wollte, „da nahm sie einen Feuerbrand aus dem Feuer und schlug ihm denselben in das Angesicht, daß die Funken davon flogen, worauf er erst noch zorniger worden.“ Sie floh vor der Strafe ihres Mannes nach Fessenbach so eiligen Fußes, daß der nachsetzende trunkene Claus sie nicht einholen konnte. Als sie aber am Abend nach Hause zurückgehen mußte, so wurde sie vom Manne, welcher sie auf dem Wege abpaßte, „übel geschlagen und geschleift“. Sie ging folgsam mit in das Häuschen. Sobald der Mann nach vollbrachtem Tagwerke den Schlaf des Gerechten schlief, ging sie kummervoll zur Hinterthüre hinaus in den Garten, wo ihr bald ein junger Geselle entgegentrat und sie mitleidsvoll um den Grund ihrer Trauer befragte. Sie erzählte ihm ihr böses Geschick, worauf der Fremde ihr Reichtum und Schutz vor allen Schlägen des Mannes

verſprach, ſofern ſie ſeines Willens ſein und Gott und die Heiligen
verleugnen wolle. Sie that beides. Jetzt erſt kam ihr der Gedanke,
daß es der böſe Geiſt ſein könnte. Erſchreckt rief ſie, „Behüt' mich
Gott", da wich der Buhle und war verſchwunden. „Alſo wie gemeldt
iſt Anna hinter die Zauberei gekommen." Sie übte ſie nun erfolgreich
aus, indem ſie in Feſſenbach ein Pferd durch einfachen Schlag auf
den Rücken tötete und den Jakob Mai ſinnlos machte, da ſie ihm
Klettenkraut in das Geſicht warf, was ihn tief erſchreckte. Der Schwägerin, mit welcher ſie die Neigung des Andreas Schütterlin teilte,
verdarb ſie die Hand, „denn es hieß ſie der Böſe ein Kraut in das
Feuer legen. Wenn nun die Schwägerin das Feuer beſorgte, würde
es deren Hand entzünden und krümmen. Das habe ſie gethan." Der
Kuh des Karlmann hob ſie nicht minder ſchadſüchtig zwei Steine vor
die Naſe und der Teufel blies ſie mit übernatürlicher Geſchicklichkeit
in die Blaſe des Tieres, welches in Folge davon ſterben mußte. Aber
nicht bloß zur Schädigung der andern, ſondern auch zur Schaffung
eigener Luſt diente die Zauberkunſt. Vor einigen Jahren war ſie
mit dem Buhlen auf einer weiten Heide und neuerlich auf der Steger-
matte nachts zwiſchen 11 und 12 Uhr in großer Geſellſchaft, welche
da „einen Tanz und einen Fraß und Schlamm gehabt und fröhlich
geweſen". Wie gewaltig auch dieſe Hexenmacht, wie ſchwer ihrem
geheimnisvollen verderblichen Treiben beizukommen ſcheint, ſo giebt es
nach dem Geſtändniſſe, welches Anna in den letzten Tagen ihrer Ge-
fangenſchaft noch ablegte, ein ſicheres ſtets bereites Mittel, ſie ganz
wirkungslos zu machen. Etliche Jahre vorher, gab Frau Schütterlin
an, habe in Weingarten ein lutheriſcher Prediger frei von der Kanzel
herab geſagt: „wer ſich mit dem heiligen Kreuze ſegne, zu dem käme
der Teufel und es ſei ein Teufel, der heiße das heilige Kreuz!" Als
die Unterſuchungsrichter zur Hebung ihrer eigenen Gewiſſensſkrupel ſie
„gütlich" weiter befragten, ob ſie denn die Ausſage des Predigers
auch beſtätigt gefunden habe, antwortete ſie, der Prediger habe wie
ein Böſewicht gelogen, denn wenn ſie ſich mit dem Kreuze geſegnet
hätte, ſo habe der Teufel augenblicklich weichen müſſen und wenn ſich
jemand mit dem Kreuze zeichne, ſo könnte ſie ſamt dem Teufel ihm nichts
anhaben. Es iſt dieſes ein ſo naheliegender und beruhigender Troſt
für alle Chriſtenmenſchen, welche auf ihren Glauben etwas halten,

daß man die allgemeine Angst vor den Hexen und die rastlose Verfolgungswut kaum verstehen mag.

Mit Frau Schütterlin teilte gleichzeitig Gefängnis und Geschick
ihre Hexenschülerin Anna Katharina, Frau des Hans Kreß. Nach
der Gerichtsurkunde hat sie erstlich bekannt, daß sie einmal mit einem
Fuhrmanne nach Straßburg gefahren, der sie bei Willstett auf den
Wagen aufsitzen ließ. Unterwegs machten sie Halt und ein Baum
bot für das vertraulich gewordene Paar einen schattigen Ruheplatz.
Als sie nach Obelshofen kamen, war schon die Nacht eingebrochen.
Sie stellten in dem Wirtshause ein, nahmen aber nach dem Essen
nicht in den Gastzimmern, sondern, wie es ächte Fuhrmannsart,
unter dem schützenden Gefährte das Lager. Gegen Morgen hin erhob
sich der Begleiter und sagte, daß er die Pferde holen und dann
weiter fahren wolle. Bald erschien wieder ein Mann „und begehrte
an sie, daß sie*) sein Willen thue, hat sie nit anders gemeint, es
sei der vorig Mann und Im gleich sollichs bewilligt. Da er nun
sein Willen an ihr vollbracht, hat sie erst gewar genommen, daß
es nit der Mann**) gewesen und ist erschrocken. Da ist er denn
nach seines Willens Vollbringung von ihr gewichen." Ferner giebt
die Beklagte an, daß sie vor 3—4 Jahren mit der Frau des Melchior
Mey in schweren Streit geraten, der sie mit tiefem Haß erfüllte.
Nachts habe sie schlaflos darüber nachgesonnen, ob sie dem Weibe
nicht ein Messer in Leib stoßen soll. Da sei einer zu ihr gekommen
und habe ihr versprochen, er werde, wenn sie seinen Wunsch erfülle,
jede fernere Uneinigkeit mit der Frau May unmöglich machen. Sie habe
geantwortet: „wenn mir nur jemand hilft und wäre es der Teufel!"
Dem Dämon aber faßte beim Gedanken an ihr baldiges Mutterglück
ein menschliches Rühren und er bot ohne Lohn dem hoffnungsvollen
Weibchen seine Hilf im harten Frauenstreite an. Mag diese Versagung
Schuld sein, oder hat gegen Weiberhaß kein Teufel ein Mittel, Frau
Kreß blieb der Frau May auch ferner feind und beschädigte sie

---

*) „sich Gottes und aller Heiligen verleugne" ist am Rande der Hand-
schrift mit anderer Tinte beigefügt.

**) „sondern der böse geist" ist gleichfalls mit anderer Tinte am Rande
zugesetzt.

boshaft am Fuße. Als Frau Katharin nämlich eines Abends Licht anzünden wollte, bemerkte sie noch eine weiße Henne frei im Hofe, welche ihr Volk (Gesinde) nicht eingesperrt hatte. Sie suchte sie einzufangen. Das Huhn wollte sich durch das Hühnerloch in der Hausthür retten, bekam aber in demselben Augenblicke von der zornigen Hausfrau einen Tritt. Von Stund an klagte sich Frau May an Händen und Füßen, während die Henne niemals mehr gesehen wurde. Katharinens dämonischer Buhle hatte ihr eben schon vorher gesagt, daß er eine Henne vom Hahnbaum werfen werde und durch ihn richtete die Hexenfrau den Schaden. Jedoch ihr selbst blieb das Unglück auch nicht fern. Nach nur eintägiger Krankheit verlor sie ihr liebes Kind durch den Tod. Als sie nun trostlos weinte und jammerte, erschien der Böse und versprach ihr, wenn sie ihm gefällig sei, die Kunst zu lehren „auch den andern Leuten, so liebe Kinder haben, solche zu verderben." Sie ging es ein und kam so hinter die Zauberei. Bald schädigte sie nun ein Kind, verdarb der Frau des Georg Kreß die Hand und tötete seine Kuh. Empfand sie einmal Reue über ihr verderbliches Wirken, so lag ihr der Teufel für und für in den Ohren, daß sich ja Gott ihrer nimmer annehme, da sie ihn und alle seine Heiligen verleugnet habe. Alles was sie könne, sagt die Gefangene zuletzt, habe sie als 14jähriges Mädchen von der Anna (Schütterlin) gelernt.

Erst am 25. Okt. 1569 melden uns die gerichtlichen Urkunden wieder — ohne für gleiche Unterbrechung in der Wirklichkeit zu bürgen — daß in Appenweyer ihrer bösen ärgerlichen Handlungen wegen Wolf Lenz und seine Mutter, Witwe des Wolf Lenz von Zimmern, und die Margarete Ketter von Urloffen „meniglich zu einem Exempel dem Nachrichter an die Hand gegeben, auf die gewöhn= liche Richtstätte geführt und mit dem Feuer vom Leben zum Tode gerichtet und also ihr Leib, Fleisch, Geblüt und Gebein zu Asche verbrannt werden." Gegen die Witwe Wolf zeugten besonders die Angaben des eigenen Sohnes. Nach seiner Aussage setzte sie ihn auf eine Ofengabel und ritt mit ihm durch die Lüfte in einen Keller im Elsaß, wo lustig gezecht und getanzt wurde. Die Ketter Margaret war auch dabei. Einst litt er am Arme, da berührte ihn daran seine Mutter, worauf einige Tage später Löcher in das Fleisch fielen, aus

welchen jetzt noch je bei Zeiten „Sauborsten und Beiner" heraus=
kämen. Und diese seine Mutter gab ihm der Böse zur Frau.
Unter ihrer Leitung tötete er viele Pferde und Kühe. Die Mutter
gesteht den Ritt in den Elsaß, auch daß sie den kranken geschwollenen
Arm des Sohnes berührt, beteuert aber, daß sie ihm nie und nimmer
ein Leid zufügen wollte. Sei ihm dennoch was beschehen, so müsse
es der böse Feind gethan haben. Ebenso beharrlich stellt sie ihre
Hochzeit mit dem Sohne in Abrede, dagegen sei sie in Achern mit
vielen Gespielinnen um das Rathaus getanzt. Ein Zweifel an der
Hexerei dieser zwei Angeklagten konnte für die Richter nicht bestehen,
doch erlitt das Urteil die Milderung, daß auf der Richtstätte der
Sohn zum Schwert begnadigt und seine Leiche mit der lebenden
Mutter und der Ketter Margarete verbrannt wurde.

Die von Wolf Lenz angegebenen Frauen des Hans Puesam
und des Hans Schneider von Urloffen werden auf Fürbitte und
Bürgschaft ihrer Männer aus Rücksicht ihrer kleinen Kinder und
Schwangerschaft aus dem Gefängnisse in Ortenberg entlassen und
entgehen so dem fürchterlichen Schicksale ihres Anklägers.

Am 5. Juni 1573 besteigt in Ortenberg die Welsch Hänsin
den Scheiterhaufen, welche, schon 18 Jahre her für eine Hexe ver=
zollt, erst von den drei kürzlich in Gengenbach verbrannten Weibern
als Hexengespielin angegeben worden war. Die schwersten Beschuldigungen
erhebt ihr eigener Sohn, welcher sie unbedingt für eine Hexe hält,
da sie zu Hause mit Gotteslästern, Schwören und Balgen ein
unchristliches Leben führe und mehrmals seine Frau so geschlagen
habe, daß sie zu frühe niederkam. Das Kind habe bei der Geburt
über den Kopf einen Strom (Kopfblutgeschwulst) als Zeichen seiner
Todesursache gehabt. Wenn diese Aussagen schon zum Beweise
hinreichten, so gesteht noch überdies die Hänsin selbst, daß sie dem
Ortenberger Schultheißen in Keller gefahren, sehr oft die Elsässer
Weinlager besucht, Kindbetterinnen, Kinder und Schweine getötet und
am Böllenberge ein Gewitter gemacht habe. Der Schultheiß stimmte
sicher für ihre Verurteilung.

Im Jahre 1574 folgt der welschen Hänsin die Frau des Hans
Obrecht von Bühl als Hexe auf die Richtstätte.

Am 26. Juni 1575 erlitt Urban Byser aus Appenweier (?)

ben Feuertod, obgleich seine Hexenkunst wenig Unheil stiftete. So wollte er in Offenburg bei den 7 Linden ein Gewitter machen, da fing es in der Stadt zu läuten an und er konnte keinen Schaden thun. Bei der Lahrer Linden ging es ähnlich und verblieb es wiederum bei einem mißglückten Versuche. Er selbst vereitelte einen Hagel, den eine Hexengesellschaft auf dem Meisenbühl nach lustigem Tanze zum Verderben der Früchte sieben wollten, durch Verweigerung seiner Einwilligung. Nach Urbans Angaben müssen nämlich die Zauberer, wenn sie etwas vollbringen wollen, einig sein und wären es ihrer Hunderte. Stimmt einer nicht bei, bleiben alle andern machtlos. Sind sie aber einstimmig, so genügt zur Ausführung des schwierigsten Werkes ein einziger ausgewählter Genosse ohne allen Beistand der übrigen. Doch begleitet jeden der Buhle zur Verrichtung. Urbans Buhle ist Wylschet, ein hübscher Knabe, den ihm der Meister Josack als seinen succubus zur Begleitung gegeben. Nach seinem Wunsche verwandelte sich der Dämon bald in diese bald in eine andere Frauengestalt.

Im Juli desselben Jahres verfällt Hans Byser und die alte Byserin dem Richterspruche.

Am 22. Juni 1595 werden Katharina, Wolf Ehrhard's Frau, die Witwe Katharina Roß und Christine, die Witib des Abam Marggraf in Appenweier „umb ihrer bösen Verhandlung und gegen den allmächtigen Gott beschehene Verleugnung" verbrannt. Sie haben mit ihren Buhlen Federle und Pfeiferle die bei Hexen gewöhnlichen Dinge verrichtet. Die Witwe Roß giebt aber als 10. Punkt ihrer Geständnisse an, „daß sie vor etlichen Jahren bei Nacht mit Hilfe des bösen Feindes in Gestalt einer Katze zu des alten Zilic Kerner Hausfrauen auf das Bett gekommen und sie geschädigt, wovon diese ein halb Jahr krank gelegen und dann gestorben sei. Auch sonst habe sie noch als Katze oder Hase Kinder getötet.

Schon am 11. August desselben Jahres wird in demselben Orte der Barbara, Jakob Schiffmann's, der Sophia, Michel Kuon's und der Katharina, Hans Margrav's Hausfrau von den Richtern des peinlichen Malefizgerichts mit einhelligem Urteil zu Recht erkannt, „daß die 3 beklagten Jrer vilfältigen begangenen Mißhandlung halber, die sie mit Verläugnung Gottes deß Allmächtigen auch sonsten mit

Verderbung der Leut Vyh Frücht Korn und aus muthwilliger Weiß geübet und getriben, dem Nachrichter an die Hand überantwort, von demselbigen gebunden an die gwonlich Richtstett gefürt und auf den heutigen tag mit dem Feuer von dem Leben zum Tode gericht, Ire Leib, Fleisch, Blut und Bein zu Pulffer und Eschen verbrannt werden sollen, damit Ir schandlich Todt, Pein und Marter meniglich Jung und Alt ein abscheulich exempel und Fürbildt sei. Gott verzeih den armen Sellen." Von den drei Verbrecherinnen wurde die Frau Barbara Schiffmann schon als Bärbele von 13 Jahren durch eine alte Frau beredet, an der Riethalden mit einem jungen hübschen Manne, namens Leublin, den sie für einen Christen hielt, die Hochzeit zu feiern. Ihr Buhle gab ihr eine Gerte, mit der sie durch einfachen Schlag Mensch oder Vieh zu töten vermochte. Sie erprobte auch die Zauberkraft an zweien ihrer Hühner und ihrem schönen Hofhunde, die alle auf den Schlag sofort erlegen sind. Vor 7 Jahren forderte sogar ihr Buhle, daß sie ihr eigenes Roß töte, wofür sie aber lieber ihr Mutterschwein damit opferte. Ebenso brachte sie ihre Kuh mit dem Pulver um, das ihr der Buhle zur Tötung der Kuh des Nachbars gegeben, wozu sie keine Gelegenheit erhielt. Dem Schmied tötete sie ein Pferd, „indem sie diesem die Nieren zerdrückte". Wie gerne sie auch bei den Hexen=Gesellschaften — riefen die Gespielinnen nachts auch tausendmal vor dem Laden zum luftigen Ritte, die Ausfahrt war ihr unmöglich, wenn sie gerade vorher die weinenden Kinder in Gottes Namen schlafen geheißen! Im Kinzigdorf war sie jedoch nicht, als ihre Gefährtin Sophie zum Fenster hinausgeworfen wurde, da sie durch Krankheit zu Hause gehalten worden war. Diese Gespielin Sophie, die zweite der Verurteilten, wurde 9 Jahre vorher von ihrem Manne, Michel Kuon, welcher in Krieg nach Frankreich zog, rücksichtslos verlassen. Sie war auf ihren Taglohn angewiesen und wusch recht fleißig bei der Stubenwirtin, um einige Batzen zu ver= dienen. Als sie ihren Lohn nun verlangte, erhielt sie nichts, weil die Wirtin sie nur angestellt hatte, um sich durch ihre Arbeit Trinkschulden des Michel abzahlen zu lassen. Sie ging traurig nach Hause und dachte, wenn nur der Teufel das Waschen holte, da sprach sie ein Fremder an, der sich Bädel nannte, und geleitete sie nach Hause. Als er ihre Klage angehöret, versprach er ihr viel Geld, wenn sie Gott und die Heiligen verleugne. Bei ihrer großen Armut, bei ihrem Kummer und Hunger that sie es, aber die 20 Gulden, welche er ihr gab, waren nur Asche. Später pflegte Bädel unter einem „Pfeiflinbaume" der Liebe mit ihr, ohne etwas Weiteres zu verrichten. Ihre Kunst aber ging doch so weit, daß sie dem Hans Gering eine Kuh mit einem Strohhalm durch einfachen Schlag zu töten vermochte: Ebenso machte sie, nachdem sie im letzten Jahre am Vorabend des Fronleichnamtages auf dem Heuberg „einen Tanz und Schlaftrunk gethan", am Festtage auf dem Lindenrain oder Mergelloch einen Hagel. Übel erging es dem Zauberweibe einige Monate nachher. Die Gesellschaft hatte eine Zeche zu Kinzigdorf in das Wirtshaus, wo zuvor der Goßer Jäcklin gesessen, angesagt. Sie fuhr nun mit der Käthe Roß lustig in die Stube hinein und als sie bloß zwei Fremde sah, rief sie ärgerlich: „Potz Jesus! hätte ich das gewußt, so wäre ich nicht so weit heraufgefahren!" Dieser Worte wegen warf man sie geradewegs zum Fenster hinaus, daß sie recht übel auffiel und zu Fuße nach Hause zu hinken gezwungen war, da sie ihren lüftesegelnden Stecken liegen lassen mußte. Ungehorsam brachte überhaupt immer scharfe Strafe. So schleuderte sie ihr Bädel, als sie nicht nach seinem Befehle des Nachbars Gaul mit der Gerte berührte, durch einen heftigen Sturm schwer zu Boden und stellte ihr noch ärgere Züchtigung in Aussicht, wenn sie nochmals seinen Worten nicht alsbald gehorchte. Und dennoch verzieh sie ihrem Manne bei seiner Rückkehr nicht, wie es Bädel haben wollte. Auch hier fügte sich der Teufel dem Hasse des Weibes und verzichtete klug auf Schlichtung eines ehelichen Streites. Ehzwist wirbt überhaupt am besten für den Bösen. Die meisten Hexen ergeben sich ihm, weil sie in ehelichem Unfrieden leben. So willfahrte die dritte der Todesgenossinnen Katharina Markgraf dem hübsch gekleideten Federle ebenfalls, als gerade ihr Mann sie, wie schon oft, wieder stark mißhandelt hatte und sie vor weiteren Schlägen ängstlich in den Holzwinkel im Hofe geflohen war. Das Geld, welches ihr der Böse gab, war nur Kirschbaumlaub. In der verderblichen Kunst der Hexerei kam Käthe nicht voran. Das Wettermachen mißglückte ihr, doch kochte sie einmal „etwas" in einem Hafen, wovon die Kirschblüten Not litten. Dagegen waren ihre Kellerfahrten von Erfolg und die Weinlager in Gengenbach, Kinzigdorf und Nammersweier erfreuten sich ihres Besuches. Im Flammentode sühnte die Arme den schuldvollen Durst.

Im September 1595 erfaßte der Arm der Gerechtigkeit den Tobias Ohnmacht von Fautenbach, bei dessen Bekenntnissen auch dem ernsten Mitleide spöttisch die Mundwinkel zucken. Vor etlichen Jahren ging er mit seiner Frau in Wald, um Holz zu holen. Als sie mit den Holzbündeln auf der Heimkehr in das Feld heraustraten, begegnete ihnen ein schwarzer Mann, welcher seinem Weibchen freundlich die Hand bot. Er aber schrak zusammen und frug verblüfft seine Frau, wer denn dieser Herr sei. Ach, du Narr, kennst ihn nicht, sagte lachend die Schälkin, ich will dir es später sagen, worüber du jedoch schweigen mußt. Damit legte sie ihren Holzbündel ab und ging mit dem Ungenannten in das Gebüsch zurück, während Tobias alleine nach Hause trollte. Später ergab sich Tobias auf Anregen seiner Frau dem Bösen, der ihm eine schwarze Wurzel schenkte, mit welcher man Leut und Vieh töten konnte. Seine Hauptthätigkeit als Hexenmeister bestand aber darin, daß er zu den Sammlungen bot, bei denen er selbst jedoch nicht viel sah, denn die andern gingen mit einander in die Gebüsche, während er davor stehen bleiben mußte. Nur einmal ward auch ihm Genuß, denn der Böse erschien ihm erwünscht als Baschen Friedmanns Tochter, deren Verlockungen er sich gerne hingab, obgleich sie kühl bis an das Herz hinan. Weniger verführerisch mochte die Gestalt des Bösen gewesen sein, als er den guten Tobias in seinem Kerker besuchte, denn dieser erschrak so gewaltig, „daß ihm das Maul ausbrach".

Woher kam es wohl, daß die Richter anfänglich die Zauberei meist bei denen nur suchten, so in Not und Drangsal waren? Die Armut geht verschiedenen Ganges durch das Leben. Oft sieht sie voll herber Mißgunst und tiefen Hasses auf alle, denen durch Los oder Arbeit ein äußerlich besseres Geschick geworden, und im Zorn über das scheinbar hohe Glück der andern grollt sie stets dem eigenen Schicksale und selbst den Freuden, die ihr nicht fehlen. Meist aber trägt die Armut in sanftmütiger Ergebenheit alle Bedrängnis und bescheidet sich in entsagungsvoller Genügsamkeit mit der kargen Gabe. Vor dem gebotenen Mitgenusse der üppigen Freuden der Reichern schließt sie ängstlich und schüchtern ihren Sinn. Was ihr not, weiß sie durch

geringwertige Arbeit in unermüdlicher Ausdauer dem Tage abzuringen.
Die dürftigen Freundesgaben, welche die Fügung mit sparsamer Hand
ihr zuteilt, nimmt sie mit dankbarem Gemüte auf und erfüllt mit
heiterer Zufriedenheit die ganze Brust. Nur wie dichterisches Zauber=
spiel entsteigen den Herzen oft geflügelte Wünsche nach wunderbarer
Hilfe, welche, in dem unseligsten Stunden fester gestaltet, auf die heiße
Stirne den kühlenden Hauch der Hoffnung und Zuversicht fächeln. So
ruhet die Seele der Armen schlummernd in ihrem Busen, bis ein
mächtiger Gedanke an dessen Pforten schlägt, wo sie rasch zur opfer=
bereiten That erwacht. Die so gemutete Armut sieht man besonders in
schlanker bleicher Frauengestalt. Aus dem opalbläulichen Auge schaut
wie bittend der matte tiefbraune Augenstern. Nur wenn man ihr
einen zündenden Gedanken in die Brust zu werfen versteht, blitzt rasch
ein Strahl, wie Wetterleuchten am finstern Nachthimmel, durch das
bunkle Auge hin zum Zeichen, daß hinter den deckenden Bergen der
Ruhe Gewitter stehen. Wer jemals ihr tief in Aug' und Seele
geschaut, fühlt sich mächtig und dauernd angezogen. Es liegt ein
eigener Zauber in ihr. Die Ortenberger Richter hatten daher Recht,
als sie im Okt. 1596 die junge Witib Treyschneizler als der Zauberei
verdächtig einzogen. Sie gestand auch sofort. Bei seinem Tode, lautet
die Angabe, hinterließ ihr Mann Georg sie mit einem kleinen Kinde
in unseliger Dürftigkeit. Sie spann nun Tag und Nacht, immer
trat der rasche Fuß das Spinnrad, immer drehte der netzende Finger
die trockene Faser zum Faden und doch beschlich sie manches Mal der
Zweifel, ob sie sich und ihr Kind fernerhin zu ernähren vermöchte.
Als sie eines Tages wieder traurig nach Offenburg ging, um Brot
zu heischen und Werg zum Spinnen zu holen, da begegnete ihr bei
der Hohlgasse ein feingekleideter Herr und frug sie teilnahmsvoll nach
dem Grunde ihrer Trübseligkeit und Kümmernis. Auf die Klage ihrer
schweren Not versprach er Geld genug zu geben, wollte sie ihm nur
zu Willen sein. Der Antrag war verlockend, sie ging ihn ein. Leibes=
kälte und ein Geißfuß, den sie an dem Buhlen wahrnahm, machte sie
stutzig, doch eine Schürze voll Geld war der beglückende Lohn. Zu
Hause angekommen erfand sie leider das Geld als bloßen Kehricht.
Desungeachtet kam Hemmerlin, der Verführer, nach drei Tagen wieder
zu ihr und verlangte, daß sie Gott und die Heiligen verleugne.

„Behüte mich Gott", war der Ruf der überraschten Frau und sie sah niemanden mehr. Bald darauf begegnete ihr Hemmerlin bei dem Rammersweier Kapellchen, fuhr sie zornig an, daß ihr nichts mehr helfe, sie müsse ihm anhangen und Gott und alle Heiligen verleugnen. Erschrocken fügte sie sich dem Unvermeidlichen. Einmal dem Bösen ergeben, mußte sie Böses schaffen. So tötete sie mit einem Gerten= schlage zwei Pferde und braute auf der Rammersweierer Riethalde und auf dem Heuberge Wetter zum Verderben der Reben. Doch war es nicht immer um Schaden zu thun, wenn sie mit ihren Gespielinnen zusammentraf. Bei der Hochzeit, welche Oswald's Meile bei den sieben Linden hielt, war sie auch. Obgleich man „dort heftig hüpfte und tanzte", so hat man bennoch sie, „weil sie arm gewesen, in einen Winkel gesetzt und schweigen heißen". Sitzen durfte sie aber. Zum Feste war sie auf einem Stabe hinter Weierbach durchgeritten, fiel bei der Rückkehr jedoch über der Brücke vom Zauberpferde, so daß sie ein halbes Jahr am Arme braun gewesen. „Obwol Sy, Barbara," berichtet das Protokoll weiter, „sich auf Invermelte Bekentniß ganz rewig und also erzeigt und mit Folter befragt vernomen, als wollte Sy willig Bueß und den Tod leiden, man Jr auch nach Glegenheit Jres erzeigens nit getraut, so Sy ohn schloß und Pand wär, daß Sy ausreißen würde, so hat Sy sich die Ketten am Fueß, so zwar etwas weit gewest, durchgeschleift und sich von einem Rundel oben beim Tach in den tieffen Graben hinab zu tobt gestürzt — und tobt verbrennbt worden."

Auch Martha, die Hausfrau des Jakob Kern von Ortenberg, welche nach ihren auf der Folter gemachten Angaben viele Kinder angegriffen und baburch zum Kränkeln gebracht, ohne daß sie über Zeit und Ort der That oder Namen der Verletzten Aussagen machen konnte und welche dem Landvogt ihr Herz noch völlig auszuschütten versprach, zog der weiteren Befragung den Tod vor und hing sich an das Schauloch des Pulverturms.

Im Jahre 1599 erleiben wegen der bekannten Hexenthaten den Feuertob: die Wittwe des Matthias Preinig aus Rammersweier, die Hausfrauen des Georg Metz zu Weier, des Georg Lurker und des Hans Sauer von Appenweier, so wie Barthel Pfeifer und seine Frau, die Hebamme Brigitta. Von der letzten erfahren

wir, daß in der Pfalz zu Offenburg die Hexen oft Zusammenkünfte
hielten. Einmal ritt sie mit dem bösen Feinde auf einem Stecken zu
einem guten Imbiß dahin, wo viele stattliche Leute aßen, tranken und
tanzten, während sie zu hinterst im Winkel stehen mußte, bis nach
Vollendung des Festes „sie alle im Hui davon gefahren". Das
Sprichwort, daß der Erschrockene im Himmel nicht sicher, scheint jeden=
falls beim Teufel Geltung zu haben.

Als nächste Angeklagte erscheint im Jahre 1603 vor dem Gerichte
auf dem Schlosse Ortenberg Katharina, Frau des Hans Heyd,
genannt die Urglerin, mit ihrer Tochter Anna. Sie wohnte am
Eingange des freundlichen Thales, welches sich von der Rheinebene
über Durbach an die Brandeck zieht, im Dorfe Ebersweier, wo die
kleinen schmucken Häuschen zerstreut unter dem Schatten blühender
und früchtereicher Obstbäume, wie eine Lämmerherde auf buschiger
Heide, lagen. Zur Frühlingszeit sahen die rotwangigen Kirschen die
Urglerin so bittend an, daß sie ihnen helfen möchte. Wenn sie nicht
bald gepflückt wurden, das stund fest, warf man sie wie Hexen in das
Feuer des Brennkessels und mußte ihr Geist nach dem Gesetze der
Seelenwanderung den Ebersweier Bauernknechten in den Leib ein=
fahren, während doch drüben in Straßburg, dessen Turm stolz in das
Thal herüber sieht, sich so mancher junge Korallenmund hübscher Pa=
triziertöchter zum innigen Kusse nach ihnen spitzte. Die Urglerin hatte
Erbarmen mit den Pflanzenkindern und trug sie behutsam im Trag=
korbe über die unsichern Wege nach Straßburg zu den liebelüsternen
Mädchen. Wehe aber, wenn die Kirschen nicht gefielen und die Käthe
dieselben wieder nach Hause tragen mußte. Da ging ein Sturm durch
Ebersweier, denn die Urglerin konnte fluchen, wie ein Türke, und das
Geringste, was sie den Bauern wünschte, war die Bitte an den
Himmel, daß der Hagel ihnen alle Bäume zerschlüge. Dem Kaspar
Föhr, welcher ihr seine Kirschen um den höchst gebotenen Preis nicht
zuschlug, sollte das beste Paar Pferde krepieren, was auch später ein=
traf. Sie selbst erfuhr, daß man sie in den Ruf einer Hexe gebracht,
meinte aber, wenn sie es wirklich wäre, so mußte in Ebersweier längst
alles darauf gehen. Ganz bestimmt lautete die Anklage des Mit=
bürgers J. Schwein, gegen dessen 15jährigen Sohn sie es schlimmer
getrieben, als alle Nestelknüpferinnen. Der Junge wurde rasch von

Schmerzen befallen und schwoll am Körper mächtig an. Eines Sonntags fiel er, wie die Eltern und Zeugen berichten, in eine tiefe Ohnmacht, so daß der Vater ihn als tot bejammerte. Nach einiger Zeit kam der Knabe wieder zu sich und sagte: O wie war ich an einem so guten Orte. Engel zogen mich auf einem Wägelchen und jedes wollte mich haben. Plötzlich schrie er auf: O Vater, herzlieber Vater, schneide mir den Bauch auf, wie leide ich so furchtbare Schmerzen: die Urglerin und ihre Tochter haben mir es abgeschnitten! Er bäumte sich auf, rief nochmals des Vaters Hilfe an und sank tot auf sein Lager zurück. Da lief ihm, wie auch später beim Einlegen in den Schrein, helles frisches Blut zur Nase heraus. Der Vater wollte verständig nach der Schnittwunde sehen, die Umgebung hielt ihn aber warnend davon ab. Man konnte ohnedies nachweisen, daß der Knabe schon während seiner Krankheit ein „leeres Häutlein" an der betreffenden Stelle hatte. Diese Anzeichen rechtfertigten den Befehl des Gerichts zur Einziehung der Mutter und Tochter Heid. Bei der Gefangennahme verriet sich die Hexe erst recht, indem sie die Verwünschung ausstieß, daß der Donner und Hagel ganz Ebersweier verschlagen solle und noch die Drohung beifügte, im Falle der Wiederkehr die eigene Hütte vom Boden abbrennen und aus dem gottverdammten Neste wegziehen zu wollen. Als die Häscher sie gebunden nach dem Schlosse Ortenberg verbrachten, hat sie auf dem Wege „auch 2 Male greulich geschmeckt", welche ernste Bemerkung dem Herrn Jäger das Vorrecht der ersten Aufstellung der Theorie über den Geruch der Seele entschieden streitig macht. Ein Zweifel kann darüber nicht bestehen, daß die Beweise gegen die Zauberfrau für vollgiltig erachtet wurden und sich die fluchgewohnten Lippen der Hexe auf dem Flammenstoße unter grellem Schmerzensschrei zu Gott für immer schlossen.

Nach längerem Stillstande trat die Hexenverfolgung bei den Ortenauischen Landgerichten erst wieder am Ende des dritten Jahrzehntes von diesem Jahrhunderte auf. Der Begriff der Hexe war den Richtern schon in Fleisch und Blut übergegangen und die Untersuchungen alle sind nach einem Muster geführt. Die Angeklagte wird vom bösen Geist verführt, verleugnet Gott und die Heiligen, ehlicht sich einem Dämon, besucht des Satans Feste und schädigt mit seinen Mitteln Menschen, Tiere und Früchte.

2

Der Verführer erscheint meist als ein Fremder, welcher gegen
Frauenkummer ein teilnahmsvolles Herz besitzt und wohl weiß, daß
Versprechungen beim weiblichen Geschlechte die erfolgreichste Überredungs=
kunst bilden. Er stellt immer Geld und Reichtum in Aussicht. Seine
Goldmünzen kehren sich aber bald in Laub und Staub. Die Erscheinung
des Unbekannten ist nie erschreckend. Er nennt sich Hämmerlin, Federle,
Hölzlin, Wekkerlin, Namen, welche auch sonst in der Gegend sich
finden. Bei Philipp Vetters Hausfrau in Fessenbach hieß er sich bei
der Hochzeit, welche sie auf der Laubenlinde feierten, Vetterlin, offen=
bar der Namensverwandtschaft wegen. Oft nimmt der Böse die Gestalt
eines Bekannten von dem Frauchen an, das er girre machen will. So
erscheint er der Barbara, Frau des Abraham Hartnagel in
Rammersweier, als Nachbar Specht. Bei der Verführung der Tochter
des Hans Gries in Rammersweier siegte der Verführer in Gestalt
eines von ihr geliebten Soldaten und feierte später mit ihr die Hochzeit
gerade hinter des Vaters Haus in der Affenthaler Gasse, „allwohin
sie von ihrem Buhlen auf einem Stecken geführt und von wo sie nach
vollendeter Hochzeit samt ihrem Buhlen vorberegter Maßen wiederumb
nach Haus gefahren". Da die Affenthaler Gasse nur wenige hundert
Schritte lang, so war der Ritt von des Vaters Haus dahin ein über=
mütiger Stolz, der den Gang zu Fuß als gemein verschmäht. Der
Flug ist, wie wir schon bei der Treyschneizler gesehen, manchmal von
Unfällen begleitet, was auch Maria, die Frau des Wendelin
Kopp von Kittersburg, erfuhr. In heitrer Sternennacht ritt sie einmal
mit ihrem Buhlen auf einem Stecken lustig durch die Lüfte zu einem
Hexenfeste. Als sie durch die schwindligen Höhen dahin jagten, rief
sie erstaunt: o Jesus! Damit kam sie dem Geleiter gerade recht. Er
warf sie zornig über den Stecken herunter, fuhr ihr nach und bläute
sie damit tüchtig durch! Eine Reiterin muß eben acht haben, wenn
der Gaul schlägt. In duftigen Wiesenblumen auf gutem deutschen
Boden war daher die Witwe Maria Grünberger in Rammersweier
viel sicherer gebettet, da der Böse in Gestalt ihres Nachbars Thomas
Litterst dort seinen Gefallen an ihr fand. Im Jahre der Teuerung
(1622) hielt der Teufel bei der Witwe Barbara Schilling einen
Hausfreund für geraten und erschien ihr als der gern gesehene Knecht
Basler. Der jungen Maria, Tochter des Raphael Reimuß selig in

Appenweier, bot er als Knabe Hölzlin seine Liebesdienste an. Manch=
mal war jedoch die Gestalt des Verführers nicht tadellos. So nahm
Katharina, Frau des Leonhard Brinkhlin, gleich Anstoß an den ab=
scheulichen Füßen des Hölzlin, feierte aber doch ihre lustige Hochzeit mit
Schmaus, Trinkgelag und Tanz unter dem Spiele eines Pfeifers und
Geigers. Nach schwerer Tortur gesteht sie, ihren Kindern ein weißes
Pulver in den Brei gethan zu haben, worauf sie nach manchen Tagen
gestorben seien. Der dämonische Buhle der Frau Agnes Schneider
hatte sogar watschelnde Gänsfüße, und doch versagte sie ihre Ein=
willigung nicht, als Jakob Linder — den sie benennt (Merz 1629),
während die frühern Hexen nur von einem schwarzen Jakob sprachen
— sie mit dem „Käsperle" traute. Etwas schwieriger fiel die Wer=
bung des bösen Geistes bei Margarete aus, der Frau des Michel
Haan von Waltersweier. Drei Mal schlug sie durch einen Segens=
spruch die Versuchung des schwarzen Mannes ab. Nach der dritten
Abwehr kehrte aber der Böse sofort wieder und drohte, sie gleich zu
zerreißen. Das Frauchen behielt dieses Mal den Segensspruch im
Sacke, ihr Mut sank: „weil es eben sein müßte, so wollte sie es thun!"
Unser Gretchen kam viel mit Offenburgern zusammen. Jakob Roser
von Offenburg traute sie in des Teufels Namen und die Gotter=Agnes
wohnte der Trauung bei. Auf einem Hexenfeste am heiligen Kreuz=
tage bei dem Tanwege sah sie aus der Stadt den Thomas Wittich
und den Stettmeister Megerer, welcher herzhaft mit der Frau Stett=
meister Hauser tanzte. Auch bei der Bühler Brücke traf sie vor sieben
Wochen in einer Hexenversammlung mit Megerer zusammen (April
1629).

In einzelnen Fällen war der erste Anblick des dämonischen Freiers
hübscher, als nachher eine genauere Besichtigung bestätigte. Das war
bei Magdalena, der Frau des Bäckers Grüner in Appenweier der
Fall. Schon als Mädchen war sie im Vaterhause zum Inceste
gezwungen worden. Ihrer Neigung zu Matthias Kürch pflegte sie
noch in der Ehe. Der Böse benützte daher die Vorliebe der Frauen
für Uniformen und erschien ihr als ein befreundeter Solbat. Das
verfehlte die Wirkung nicht, denn sie hatte inniges Wohlgefallen an
ihm. Erst beim Abschiede bemerkte sie, daß er Krallen wie ein Bär
vn den Händen hatte. Es ist Frau Grüner allein, bei welcher der

Teufel seiner würdig erschien. Die Krallen kann man noch fürchten.
Aber wie ein gänsfüßiger Dämon, ohne ausgelacht zu werden, mit
Zerreißen drohen konnte, ist schwer begreiflich. Ein Geißfuß ist eben so
ungefährlich, denn alle Erdengeschöpfe mit gespaltenem Hufe sind keine
Fleischfresser. Der jetzige Pferdefuß ist nicht minder schlecht gewählt.
Lernt der Teufel keine Naturgeschichte, kann er sich nicht in Achtung
erhalten.

Die Barbara, Frau des Georg Widmann in Appenweier,
besuchte der Böse in Gestalt ihres Mannes und lief nach traulichem
Gruße stracks als Wolf davon. Warum der Teufel das gethan, ist
unklar. Es ist der einzige Fall, wo bei uns die Lykanthropie zu
ihrem Rechte kommt. Sonst ist die Sage von Werwölfen, so viel
mir bekannt geworden, in der Ortenau gar nicht zu Hause.

Die Verlockung von Männern war für den Teufel eine eigen-
artige Aufgabe, da er augenscheinlich die Teufelinnen, welche es gar
zu arg treiben würden, immer in der Hölle behält und nur die Gesellen heraufläßt. Martin Kranz von Urloffen macht nun in seinem
Verhöre eine Andeutung über die Wege, welche der Satan in solchem
Falle einschlägt. Als er vor dreißig Jahren noch Roßbube war, giebt
er an, kam der Böse als fremder Herr zu ihm und rühmte in der
Sprache Sodoma's die Schönheit seiner Weidepferde. Der Junge
begriff die orientalische Rede nicht und dachte indeß an Mädchen.
Da verschwand der Gast und heiter trat dem Hirten eine hübsche Dirne
von Bischofsheim entgegen.

Da der böse Geist jedenfalls die Spekulationen der Gelehrten
über die Succubi und Incubi zu seiner Ausbildung ausnützte, so
machte er auf den Jakob Pfeller sofort als succubus den Angriff,
indem er ihm als Tochter des Adam Marggraf volle Zuneigung erklärte. Nach 14 Tagen machte er wieder einen Besuch bei Jakob —
als Tochter des schwarzen Stephan. Dem Pfeller gefielen aber dieses
Mal die Füße des Mädchens nicht und er segnete sich daher, worauf
es verschwand. Es kehrte aber alsbald wieder und drohte, wenn er
nicht lieben wolle, ihn sogleich zu verreißen und zu verzehren! Obgleich diese Liebeserklärung sehr niederschlagend und beängstigend
lautete, versagten doch des Amors Pfeile nicht.

Nach der Verführung und der Ableugnung Gottes kommt erst die

Trauung mit dem Teufel in größern Versammlungen. Diese wurden bei uns gewöhnlich an der Laubenlinde, bei den 7 Linden oder im Romanthale, auch einmal auf einer Rheininsel gehalten. Essen und Trinken ist meistens gut. Oft fehlt Brot und Salz. Aufgespielt wird durch einen Sackpfeifer oder Geiger. Man putzte sich dazu heraus. Die Katharina, des Boten Urban Beuerlin Frau in Ortenberg, war bei vielen solchen Festen und traf bei allen hundert Ausfahrten immer die Frau Linderin aus der Mildtergasse in Offen= burg, die Wiberstätterin mit ihren zwei größten Töchtern, sowie der Wendtin dicke große Tochter Katharina in rotem Rocke und schwarzer Schürze (1627). Die Maria, des Georg Bitzkamb Witwe aus Zell, wohnte einer Hochzeit bei, welche ein Offenburger Mädchen mit hohem Basler Hute und rotem Rocke bei der Laubenlinde feierte. Unter den Gästen erkannte sie, außer den eben genannten Offenburgern, noch die Frau des Philipp Baur, ihre Schwester, und älteste Tochter Anna. Die Frau des Andreas Heiz von Goldscheuer, erfreute sich auf den Hexenfesten besonders am Glanze der Schultheißin von Altenheim und deren Tochter. Wie jetzt die Gartenstaketen dort goldene Spitzen haben, so trugen diese „goldene Stiefelin". Lange schwelgte in Lust und Freude Maria, des Lorenz Eckhart's Hausfrau in Urloffen, welche ihre Hochzeit mit Hölzlin über drei Tage lang im Garten hinter dem Hause feierte und erst, nachdem alles wieder verschwunden war, zu ihrem ganz unbefangenen Manne in die Wohnung ging. Eine besondere Gestaltung erhielt die Hochzeit der Frau des Andreas Heiz dadurch, daß der Bräutigam Hämmerle als Geisbock erschien, wahrscheinlich dem Andreas zum Hohne, der wohl ein Schneider war. Am stolzesten bei der Hochzeitsfahrt erschien Barbara Schneider von Appenweier, welche die Steckenreiter verachtete und zu der Trauung hoch zu Roß durch die Lüfte eilte.

In der Untersuchung zeigten einige der Frauen ein eigenes Verhalten, namentlich wollte des Ludwig Hallers Frau in Orten= berg (April 1628) gar nicht geständig werden. Da aber manche Anzeigen vorlagen „und besonders weil sie das Vaterunser nicht recht beten, noch weniger weinen konnte", so zog man sie auf, worauf sie gleich bekannte. Andern Tages nahm sie das Geständnis wieder zurück, legte es aber, gebunden in die Höhe gezogen, bald wieder ab. Noch hartnäckiger wies die Frau des Jakob Widmer von Bühl die Anklage der Hexerei zurück. Sie wurde am 5. und sofort am 6. April wieder aufgezogen, „es ist aber nichts erpreßt worden". Man entdeckte nun an ihrer rechten Hinterbacke ein schwarzes Zeichen, in welches der Scharfrichter eine lange Nadel bis auf den Knochen einstach, ohne daß sie Schmerz zeigte oder sich Blut ergoß, ein klarer Beweis, daß es ein teuflisches Mal. Man hatte daher allen Grund, sie von neuem auf die Folter zu spannen, indem man ihr gleichzeitig einen Stein an Kopf hing. Die Folter hatte nicht den geringsten Erfolg, wie auch des andern Tages, wo man sie „wieder mit den Chorden aufzog". Am 8. April setzte man sie nach überstandener Tortur noch „bis in die 3 Stunden lang auff den bewußten Stuel, jedoch mit der gebotenen Mäßigung, welchemnach auf entbindung und absetzung dieselbe bekhannt".

Unter den Beschädigungen, welche die landvögtischen Hexen zufügten, mag die vorgehoben werden, welche Maria, Dienstmädchen bei Wolf Kopf in Rittersburg, ausführte. Eines Morgens wurde sie von den Kindern des Hauses beobachtet, wie sie vor einem Stuhle saß und Melkbewegungen machte. Nach ihrem Geständnisse that sie dieses auf Geheiß ihres Buhlen Wekkerlin. Sie zog die Milch aus dem Stuhle, um sie den Kühen der Els Anna und der Lankhlerin zu nehmen.

Im März 1629 erhebt der Schwiegersohn des Peter Anckel von Windschläg beim Gerichte zu Appenweier gegen die Schwieger=mutter die Anklage, daß sie seiner Frau, als sie durch einen Streit mit ihm krank geworden, eine Eiersuppe mit einem Pulver gegeben habe, wodurch diese sinnlos geworden, aber sofort wieder zu sich ge=kommen sei, als ihr die Mutter eine vom Teufel gewichste Schnur um den Hals gelegt habe. Man darf diese Sorge des Klägers für sein hochhysterisches Weib nicht als Zeichen der Liebe, sondern mehr als Ausfluß des Hasses gegen die Schwiegereltern betrachten. Die Offen=burger Ratsprotokolle geben uns zufällig einige Auskunft über diese Frau, welche am 17. April 1617, „nachdem sie von ihrem Manne ausgetreten worden war, in Offenburg einsaß. Sie gesteht, daß der Schultheiß von Ebersweier, Kaspar Rießer, ihr vor 2 Jahren durch ihren eigenen Mann einen Reichsthaler gesandt habe mit dem Auftrage, daß sie nach Willstedt in Adler gehen solle. Dort leitete der lüsterne Vogt mit der Ursula ein ehebrecherisches Verhältnis ein, welches er durch Geldgaben immer warm erhielt. Am Ostermontag genoß aber Ursel die Zärtlichkeiten eines schwäbischen Barones, welchen sie nach Niederbühl begleitete, wo er ihr 8 Gulden gab, bis er wieder von Heilbronn komme, um sie dann für immer mitzunehmen. Nach solchen Erlebnissen wird wohl die Annahme richtig sein, daß die Klage des Ehmanns·nicht von Zuneigung, sondern·von Abneigung ein=gegeben war.

Der Hinrichtungen von Hexen in der Landvogtei Ortenau sind es viele. Die uns bekannt gewordenen sind folgende:

### Jahr 1557. Juli.

Anna, des Claus Schütterlin Frau von Zell.
Anna Katharina, Frau des Hans Kreß von Zell.

### 1569. 25. Okt.

Wolf Lenz von Zimmern.
Wolf Lenz sen. Wittb ⎫
Margareta Ketter von Urloffen ⎬ lebend verbrannt.

### 1573. 5. Juni.

Welsch Hänsin von Ortenberg. Verbrannt.

### 1574.

Hans Obrecht Frau von Bühl. Verbrannt.

### 1575. 26. Juni.

Urban Byser von Appenweier. Verbrannt.

### 1575. Juli.

Hans Byser.
Byserin, die alte.

### 1595. 22. Juni.

Katharina Wolf, Ehrhards Frau. ⎫
Katharina Roß Wittb. ⎬ Verbrannt in Appenweier.
Christine, Adam Marggraf Wittb. ⎭

### 1595. 11. August.

Barbara, Jakob Schiffmann's Frau ⎫
Sophia, Michel Kuon's Frau ⎬ verbrannt in Appenweier.
Katharina, Hans Margrav's Frau ⎭

## 1595. Septbr.

Tobias Ohnmacht von Fautenbach.

## 1596. Oktober.

Barbara, Georg Treyschneizler's Wittb }
Martha, Jakob Kern's Frau } (Selbstmord) in Ortenberg.

## 1599.

Math. Preinig Wittb von Rammersweier.

Jörg Metz Frau von Weier.

Barbara, Georg Lurkher's Frau.

## 1599. 5. Nov.

Barthel Pfeifer von Urloffen }
Brigitta, Hebamme, seine Frau } verbrannt in Appenweier.

Hans Sauer Frau von Appenweier.

## 1603.

Katharina Heyd, gen. Urglerin.

Anna Heyd, Tochter, von Ebersweier.

Katharina, Frau des Melchior Fey von Fessenbach.

(Von jetzt an Hinrichtung durch das Schwert und Verbrennen der Leichen.)

## 1627.

Barbara, Abraham Hartnagel's Frau von Rammersweier.

Andreas Heiz Frau.

Anna, des Herrn Mohl Frau von Fessenbach.

Katharina, Urban Beuerlin's Frau von Ortenberg.

## 1628. 26. Jan.

Jakob Scheerer, in Griesheim gerichtet.

Katharina, Hans Scheerer's Frau.

Katharina, Diebold Caulmann's Frau.

Ursula, Georg Schreiner's Stieftochter in Rammersweier.

## 1628. 28. Jan.

Magdalena, Roman Helbtrich's Frau, Hinrichtung in Ortenberg.

Jakob Beuerlin's Frau aus Fessenbach.

Magdalena, des Hans Ent Frau aus Rammersweier.

Ursula, Hans Schillings Frau von Ortenberg.

## 1628. Febr.

Hans Gries' Tochter von Rammersweier.

Maria, Hans Grünbergers Frau.

Barbara, Benedikt Schilling's Wittb von Fessenbach.

Philipp Vetters Hausfrau von Fessenbach.

## 1628. April.

Maria, Frau des Wendelin Kapp von Kittersburg.

Maria, Frau des Georg Vitzkamb Witwe.

Ludwig Hallers Frau von Ortenberg.

Jakob Widmers Frau von Bühl.

Hans Xanders Frau von Bohlsbach.

## 1628. 27. Mai.

Ursula, Christmann Wackers Frau

Merge, Heinrich Wittnanns Frau von Bohlsbach

Melchior Egs Frau von Weier

Merge, Georg Krampferts Wittib von Gamshurst

} lebend verbrannt.

## 1628. 21. Juni.

Barbara, Georg Gaß' Hausfrau von Weier

Barbara, Phil. Rempuß' Wittb, Urloffheim

Apollonia, Michel Okenfuß Weib v. Windschläg

} Zum Feuertode verurteilt. Auf Fürbitte der Priesterschaft zum Schwerte begnadigt.

## 1628. Juli.

Anna, Hans Wacker's Frau von Bühl.

Katharina, Michel Wersteins Wittb.

Ursula, Mathis Heinrichs Frau.

Maria, geb. in Freistett, Magd bei Wolf Kopf in Kittersburg.

## 1628. 4. Aug.

Eva Balth. Cuelmanns Frau von Griesheim

Katharina, Martin Fitzkamms Frau von da

Maria, Hans Windtnagels Frau v. Nußbach

} Zusammen durch das Schwert gerichtet und die Leichen verbrannt.

## 1628. 17. Oktbr.

Anna, Andreas Heizmanns Frau von Goldscheuer.

Katharina, Stephan Bremß' Wittb von Appenweier.

Katharina, Kaspar May's Frau von Appenweier.

### 1629. 4. April.

Katharina, Leonhard Brinkhlins Frau von Appenweier
Agnes, Georg Schneiders d. jüng. Frau von Goldscheuer
Margarete, Michel Haans Frau von Walterswier
Barbara, Peter Brinklins Frau

*Zusammen durch das Schwert gerichtet und die Leichen verbrannt.*

### 1629. 21. Mai.

Reinhard Meyers Frau von Achern.

### 1629. 14. Juli.

Martha, Michel Buebenhofners Frau von Kittersburg.

### 1629. 16. Juli.

Anna, Gangolf Groß Frau von Appenweier.

Katharina, Hans Bischlers Tochter von Fessenbach? Drei Mal schwer gefoltert ohne Geständnis, ist sie vielleicht dem Tod entgangen.

### 1629. 30. Juli.

Magdalena, Hans Gruners Frau von Appenweier.

### 1629. 31. Juli.

Marie, Georg Cuelmanns Wittb von Weier.

Barbara, Gregor Schneiders Frau von Appenweier.

### 1629. August.

Brigitta, Michel Mengis Frau von Appenweier.

Barbara, Georg Widmanns Frau von Appenweier.

Maria, Lorenz Eckharts Frau von Urloffen.

Christine, Herz Remps (?) Frau von Appenweier.

Anna, Hans Schertlins Tochter von Appenweier.

Martin Kranz von Urloffen.

Barbara, Adam Marggrafs Tochter von Appenweier.

Katharina, Michel Kochs Frau von Appenweier.

### 1629. November.

Jakob Gering von Appenweier.

Margarete Kuen Wittb.

Maria, Raphael Reimuß Tochter.

### 1630. Mai.

Jakob Pfeller von Appenweier (?).

Hans Gering     „     „

Hans Brinkhlin „     „

Maria, Heinrich Widmers Frau von Bohlsbach.

Katharina, Melchior Exen Frau von Weier.

Anna, Philipp Vetters Frau von Weierbach.

Eva, Lorenz Grütlers Frau von Zell.

Barbara, Stephan Schwarz' Frau von Appenweier ⎫ Alle in einem
Lucia, ledige Näherin von Berghaupten ⎪ Urteile ohne
Barbara, Lorenz Deibers Frau von Ortenberg ⎪ Monatsangabe
Anna, Georg Schütterlins Frau von Ortenberg ⎬ zum Tode durch
Joachim Megendinger und ⎪ das Schwert u.
Christine, Jakob Baslers Wittb aus Rammersweier ⎪ Verbrennung
Anna, Hans Strackh Frau von Ortenberg ⎭ verurteilt.

Wie lückenhaft auch die Nachrichten unserer Urkunden sind, so geben sie doch ein Bild des Inhalts der Hexenprozesse mit fast allen seinen Gestalten und lassen klar erkennen, daß in den Jahren 1627 bis 1630 ihre verderbliche Wirkung auf schauerliche, aber auch kraft= erschöpfende Höhe in der Landvogtei Ortenau gestiegen war. Zu der= selben Zeit greift auch Offenburg mit starker Hand ein, damit nicht reichsstädtische Gerechtigkeit der österreichischen nachzustehen komme. In dieser Stadt teilte man Ansicht und Streben des Oberamtmanns Seyfried Gall zum Rudolfsbeckh, welcher am 28. Mai 1629 die Aus= sagen der Gerichteten über Angehörige seines Bezirks Oberkirch zu wissen forderte, „damit allem übell so vihl möglich gesteuert und die liebe Justiz an allen Orten propagirt und befördert werde." Gott verzieh ihm seiner Rechtsgelehrtheit halber.

II.

# Hexen und Hexenfang in Offenburg.

# 1. Vom Jahr 1586 bis 1625.

Rings umgeben von den freundlichen Dörfern der Landvogtei stund gut befestigt die alte freie Reichsstadt Offenburg. Auf die zu äußerst gelegene Gegenböschung (Escarpe) folgte ein Graben und ein wohlgeformter Wall mit sechs Bastionen. In den hinterliegenden neuen Graben griff der vorstehende Zwingel ein, der beiderseits auf 2 Klafter breit gemauert gewesen. Nun folgte erst der 24 Fuß tiefe 100 Fuß breite Hauptgraben, an der sich eine theilweis 100 Fuß (!) hohe Zwingelmauer anschloß. Nach einem kleinern Grundwalle kam die aufragende Stadtmauer, in welcher über den Thoren und an sonst benötigten Ecken auf Oberbastionen 8 verlässig starke Türme sich erhoben. Eine Wasserleitung aus der anderthalb Kilometer entfernten Kalbsbrunnenquelle, welche im Jahre 1617 und 1618 von Werkmeister Kayser frisch gefaßt und überwölbt worden war, versah die Stadt mit frischem klaren Trunke durch Röhrbrunnen, von denen der auf dem Fischmarkte vom Jahr 1599 ein wirkungsvolles feinburchdachtes Kunstwerk der Spätrenaissance. Zwölf kleinere Tret= und eine sorgfältig ausgerüstete Pferdemühle gaben für den Fall der Belagerung Sicherung gegen den Verlust der Bachmühlen. Harmonischer Glockenklang, dessen Schönheit weithin gerühmt worden, rief die Gläubigen in die geräumige Stadtkirche. Kräftige Zünfte, kerniger Kleinadel und Gelehrte bildeten die Einwohnerschaft.

Wenn aber auch diese den alten Urkunden entnommene Beschreibung von Stadt und Bevölkerung zutreffend ist, die Wälle und Mauern waren denn doch nicht fest und hoch, die Thore nicht bewacht und geschlossen, die Gelehrten nicht wissend genug: der Hexenwahn hielt siegreich seinen Einzug in die Feste.

Seine erste Ankündigung in den erhaltenen Ratsprotokollen vernehmen wir Ende August 1586. Da klagen Bernhard Ziegelknecht und Bastian Steebel die schwarze Else an, einen kranken Knaben verzaubert zu haben. Da die Frau sonst schon in vielfältigem Argwohne, so wird sie gefänglich eingezogen und Kundschaft erhoben. Weil eine peinliche Befragung der Angeklagten kein Geständnis erwirkt, so hat „der Meister Hardlein sie nochmals mit ziemlichem Ernste befragt und gemartert." Inner wie außer der Tortur blieb jedoch Else standhaft bei der Beteuerung ihrer Unschuld. Schließlich erkannte der Rat, „sie solle nach geschworener und geschriebener Urphede über den Schwarzwald verreisen. Die Kosten der Atzung habe sie zu tragen." Dieser Spruch läßt verräterisch neben der Überzeugung von der Unschuld eine befangene Nachgiebigkeit der Richter gegen den Druck einer sich geltend machenden öffentlichen Stimmung durchblicken.

Erst in den Jahren 1597—99, woraus die Ratsprotokolle fehlen, scheinen Verurteilungen von Hexen stattgefunden zu haben. Damals litten wohl die Frau des Rats Laubbach, eine Frau Geiger, Fehr und Ruman's Anna den Feuertod und wußten sich Frau Spieß und die Ratschreiberin Wyß durch Flucht zu retten. Der Rat muß jedoch offenbar nur zögernd und widerwillig auf die Klagen wegen Hexerei eingegangen sein, denn es zeigte sich unter den Bürgern große Unzufriedenheit gegen sein Verfahren. „Die Edlen Ehrenfesten Fürsichtigen und Weisen Herrn Schultheiß, Meister und Rat der heiligen Reichsstadt" sehen sich daher am 11. Oktober 1600 zu Erlassung eines Edikts an die Zünfte gezwungen, worin sie sagen: „Wesmaßen etliche sorgfältige Bürger an gehaltener Exekutive unterschieblicher Weibspersonen wegen geübter Zauberei und Hexenwerks noch nicht ersättigt, sondern einen Ehrbaren Rat ferner zu bewegen gesinnt sind", so mögen sie sich berichten lassen, daß der Rat in diesen Punkten nicht lässig und nicht parteiisch zu Werke gegangen und doch die Unruhestifter fortgefahren seien, Unheil und Zerrüttung zu stiften. Fernerhin soll nun, im Falle ein hiesiger Bürger hier jemanden Zauberei und Hexenwerks halber anklage und die Beweise dafür bringe, der Rat sich der Sache von Obrigkeit wegen annehmen und, was die Erteilung des Urteils und seine Vollstreckung kostet, ohne des Klägers Zuthun wagen und leisten, womit das bisherige Anklageverfahren in das Untersuchungsverfahren von Amtswegen übergeführt wird. Nach Anhörung des Edikts sagte sofort rühmend ein Führer der Unzufriedenen, Jakob Fiegenbach, auf der Zunft: er wolle ein Schelm und Dieb sein, wenn er nicht auf seine Kosten in 14 Tagen eine Hexe einziehen und verbrennen lassen werde. Das nachgiebige Edikt reizte somit den Eifer und das Wagnis der Hexengläubigen.

Am 24. Nov. steht in der That schon Jakob Fiegenbach mit Thomas Dreier als Ankläger vor dem Rate. Nach ihrer Aussage hat vor ungefähr 4 Jahren, als Rockenbach noch Wein, die Maß zu 7 Pfennig, ausschenkte, des Wirts Frau, Christine, Wittb des Romann Köpfer, dem Dreier in einem Glase einen Trunk gegeben, „ob dem ihn ein Grausen gefaßt, denn er habe ausgesehen, als wenn Alaun darin wäre." Auf der Christine Zuspruch habe er dennoch ausgetrunken. Alsbald sei Leibweh eingetreten, von dem er jetzt noch nicht befreit. Sie hätten nun die Christine um so mehr in Verdacht der Zauberei gezogen, als ihr die Äußerung entschlüpft war, „recht gut zu wissen, wie der böse Feind ausstaffiert sei" und sich immer verschlossen habe, „so oft" böse Weiber eingezogen worden sind. Auch Georg Sprengler und Frau traten mit der Anklage vor, daß Christine ihrem Kinde die Milch verderbt und es geblendet habe. Der Rat verlangt schriftliche Fassung der Klage, welche offenbar nicht lange auf sich warten ließ, denn am 4. Dez. liegt die Frau Rockenbach schon gefesselt in der Elenden Herberg. Gütlich gesteht sie nur, daß sie mit dem bösen Feinde, der sich Stummpfäfflin nannte, zu thun gehabt habe. Darauf hin wird sie als Hexe in den Klosterturm gebracht. Die Tortur und ihre Wiederholung zur Erforschung der Wahrheit bewog die Angeklagte zu Geständnissen, welche sie später immer wieder zurücknahm. Man hielt sie aber nach eingeholtem Rechtsgutachten für genügend, um ihr am 13. Dez. das Leben zu künden und dies um so mehr, als „wenn solches geschehen, der böse Feind weiche und die Angeklagte sich dann freue, die Wahrheit zu sagen". Also ein Urteil aus Hoffnung auf Gründe!

Christine nannte als Genossin die Margerete Wannemacher. Der Rechtsgelehrte Dr. Hartlieb in Straßburg, den man beriet, glaubte jedoch, die Angaben der Rockenbach seien zu wankelmütig und solche Angaben überhaupt, wie er selbst wisse, zu ungegründet, als daß man die Wannemacher verurteilen könnte. Sollten sich noch sonstige gewichtigere Anzeichen ergeben, so könne man sie ein bis zwei Mal foltern und, gestehe sie auch dann nichts, der Stadt verweisen. Man führte die Untersuchung weiter, entließ sie aber am 15. Jan. 1601 der Haft, weil die Zeugen günstig aussagten und man sich bei den höhern Richtern nicht „befahren wolle". Früher hätte man auf diese Weise auch Apollonia, des Mathis Frau, aus dem Gefängnisse ent= lassen. Der Rat sieht sich offenbar zu dieser Erklärung veranlaßt, um zum Voraus den Angriffen zu begegnen, welche ein Teil der Bürgerschaft gegen die Freilassung zu richten gesonnen erschien.

Daß der Gedanke der Zauberei die Gemüter lebhaft beschäftigte und befangen hielt, ersieht man aus dem Inhalte der in dieser Zeit sehr häufigen Beleidigungsklagen, worin fast immer der Vorwurf der Hexerei in allen Formen als Einleitung zum Streite erscheint. Zum kräftigen Ausbruch kam er zwischen den Familien Silberrad und Laubbach. Schon am 20. Juli mußte der Rat ihnen „wegen der großen Verbitterung, in welcher jung und alt gegen einander steckte" den Frieden außerhalb Rechtens bei 25 ℔ Strafe gebieten. Am 7. September 1601 erhob Ruprecht Silberrad, ein Führer der Be= wegungspartei, gegen des Altrats Georg Laubbach beide Töchter, Adelheid und Helene eine „Anklage auf Leib und Leben", weil sie neben ihrer früher schon verbrannten Mutter ihm sein Fleisch und Blut um das Leben gebracht. Gleichzeitig mit ihm klagte sein Gesinnungs= genosse Lienhard Stehlin die Helene an, daß sie ihm ein Kind blind gemacht und getötet habe, „denn als sie in Gengenbach gewesen und Abends wieder heimgekommen, sei selbige Nacht etwas in seine Hausung gekommen. Auch habe sie ihm ein Knäblein verderbt". Beide Ankläger fordern, daß der Ehrbare Rat dem erst publizierten Edikte gemäß die Untersuchung nun von Amts wegen weiter führe. Die Be= klagten, welche der Klage widersprachen, forderten um so dringender deren schriftliche Fassung, als sie ihre ganze Familie beschimpfte. Da= gegen verlangt Silberrad, man solle die 4 Stettmeister, welche der

Tortur der Geiger beigewohnt, als Zeugen vernehmen. Der Rat
unterzog die Frage, ob Schriftlichkeit der Frage nötig, näherer Prüfung.
Bei dieser Verhandlung am 1. Oktober warnte des Klägers Bruder,
Stettmeister Kaspar Silberrad, man solle Ruprecht nicht zur schrift=
licher Klage anhalten, denn wenn er darüber in Ungemach käme,
würden sich die Bürger seiner so warm annehmen, daß die
ganze Stadt in Zwietracht geriete und er würde ein Feuer
anzünden, das schwer zu löschen wäre. Der Rat beschloß darauf
sofort, die Stehlin'sche Klage beruhen zu lassen, dem Ruprecht Silberrad
dagegen „aus erheblichen Gründen" schriftliche Eingabe der Klage
aufzulegen. Die Gebrüder Silberrad stießen jetzt Drohungen gegen
den Rat aus und verfaßten eine Spottschrift. Mit bitterem Hasse
verfolgten sie die angeklagte Familie. Der alte Georg Laubbach, dem
man schon seine Frau auf den Scheiterhaufen gebracht, stand aber un=
erschrocken in dem Kampfe seinen Töchtern bei, dem gehässigen Kaspar
Silberrad gegenüber, welcher sich erst im vorigen Jahre seine Frau
freiwillig durch Ehescheidung vom Halse geschafft und ihr bei der Ver=
mögensabsonderung noch Geld bis zum gerichtlichen Zwange zur
Herausgabe vorenthalten hatte und nach diesem Allem kein besonderer
Verehrer des Frauengeschlechts sein mochte. Die Ertappung zweier
Traubendiebinnen giebt ihnen Gelegenheit einen Hexenprozeß zu schaffen
und schon am 31. Oktober ist die verheiratete Tochter Laubbach's, Else,
die Frau des Bäckers Gwinner, als angegebene Hexengespielin ein=
gezogen. Laubbach und sein Schwiegersohn Gwinner erschienen vor
Rat und baten, man möchte die Frau nicht eher torquiren, bis sie
Bericht über ihr Thun und Wandel gebracht hätten. Es blieb erfolglos.
Die Untersuchung ging unerbittlich ihren schmerzvollen Gang. Dagegen
bekamen die ledigen Töchter Hilfsgenossen in der Rechthaberei und der
Hartnäckigkeit der beiden Silberrade, denn Ruprecht blieb auf Rat seines
Bruders auf der Weigerung der schriftlichen Eingabe seiner Klage bestehen
und verlangte, daß der Rat von Amtswegen einschreite. Thu' er's nicht,
werde er höhern Ortes Rat suchen. Am Abend der Abgabe dieser Erklärung
(5. Dez. 1601) erschien er mit Lienhard Stehlin bei Stettmeister Sorger
und berichtete, daß die jüngste Tochter Laubbachs schon flüchtig und die
ältere es werden wolle. Man möge alsbald Befehle an die Thore geben,
sie zu greifen, wenn sie zur Stadt hinauszugehen versuche. Sie setzten Ehr

und Gut ein, sollte aber nichts geschehen, so müßten sie ebenfalls ihre
Schritte zu thun. Man ließ Laubbach vorrufen, welcher erklärte, daß
allerdings seine jüngste Tochter zum Prälaten nach Altdorf gegangen,
da dieser sie eingeladen. Sie werde alsbald wieder kommen. Überdies
stehe er nicht nur mit seiner Kaution, sondern auch mit Leib und Leben
für seine Töchter ein. Der Rat ließ es dabei bewenden. Schon am
26. Nov. hatte Kaspar Silberrad gleiche Verhaftsmaßregeln gegen die
Frau des Jakob König verlangt, da sie der Anklage wegen Hexereien
durch Flucht entgehen wolle. Wenn es wieder wie bei der Frau Spieß
ginge, so wolle er Meinen Herrn gesagt haben, daß die Bürger
etwas unterständen, was ihnen nicht gefallen würde. In
der Ratssitzung erklärte er den für einen ehrlosen Schelmen und Dieb,
welcher ihm die Mitteilung der Ratsverhandlungen an seinen Bruder
zugetraut habe. Man ließ ihn abtreten und beschloß bis zum Aus=
trage der Sache ihn nimmer in Sitzung zu bieten. Diese heraus=
fordernde und drohende Haltung Silberrads bestimmte den Rat bei den
Zünften anzufragen, wessen er sich denn von ihnen zu versehen habe.
Alle erklärten, keinen Grund zu Beschlußfassungen oder Beratungen
gehabt zu haben. „Für böse Mäuler könnten sie nichts“. Nur der
Vorstand der Rebleute, der bekannte Jakob Fiegenbach, äußerte im
Namen seiner Zunft die Erwartung, daß der Ehrbare Rat das
große Übel der Zauberei strafen und ausrotten möge.
Obgleich nicht geladen, erschien Kaspar Silberrad dennoch in der Rats=
sitzung vom 5. Dezember, an welchem auch Ruprecht seine Erklärungen
abgegeben hat, und verlangte drohend, daß der Sitz für ihn als Re=
gierenden eingeschaltet werde oder er verlasse binnen 3 Stunden die
Stadt, um sich höhern Ortes Recht zu holen. Der Rat wies ihn
aus und teilte ihm vor der Thüre den Beschluß mit, daß der alte in
Geltung bleibe. Kaspar Silberrad überließ die Bewegung seinem
Bruder, welcher am 23. Januar 1602 barsch wegen der Verzögerung
des Prozesses gegen die beiden Laubbach Beschwerde erhob. Der Rat
beschuldigte Klägers Weigerung schriftlicher Einreichung der Klage als
Grund, was Ruprecht Anlaß gab, seine anderweitige Beschwerdeführung
anzudrohen. Lienhard Stehlin, welcher mit ihm erschienen, schloß sich
seiner Erklärung an. „Sie seien zwar wegen etlicher böser
Weiber an dieses Werk getrieben“, nachdem man nun vor=

gegangen und auf Silberrabs Begehren kein Bescheid erfolge, „würden sie Beistand bei den Ausschüssen und dem Grafen Friedrich v. Fürstenberg suchen. Auch Jakob Fiegenbach gab wieder die Erklärung, daß Ausschüsse und Rebleute der Zuversicht leben, der Rat werde sein Edikt befolgen. Dieser legte dem Ruprecht Silberrab auf, binnen 4 Wochen die Klage schriftlich einzureichen und beauftragte Ratsherrn Straub die Zunft der Rebleute auf andern Tag zu berufen. Bei der Versammlung erschien Fiegenbach uneingeladen mit Lienhard Stehlin, mußte aber trotz allen Widerstrebens mit seinem Beistande die Stube verlassen. Ebenso ließ man die Ausschußmitglieder Bastian Hennert und Hans Baur abtreten. Es stellte sich nun heraus, daß in der letzten Versammlung Fiegenbach die Zunftmitglieder angesprochen hatte, die armen Rebleute müßten nun einmal noch die Wegschaffung einiger Weiber fordern, um endlich der Raupen und des Ungeziefers lebig zu werden. Ihm stimmten Hennert und Hans Baur zu und vermeinten, wenn man die Raupen also pflanze, wie der Rat, so müsse man zuletzt verderben. Die Zunft hatte aber keinen Beschluß gefaßt noch Fiegenbach einen Auftrag gegeben. Sie war vollständig zufrieden, was andern Tags ihr Zunftmeister Specht dem Rate erklären sollte. Auf der Stube der Schmiedzunft, welche Ruprecht Silberrab von sich aus eingeladen hatte, ging es nicht besser. Schon als dieser mit dem Bäcker Lienhard Stehlin im Zunfthause erschien, rief ihm Kübler May zu, daß der Bäcker nichts auf der Schmiedzunft zu schaffen habe und wenn er ihn nicht gleich wegbringe, so werfe er alle beide die Stiege hinunter. Stehlin zog sich zurück und Silberrab bat die Zunft um Beistand in der Laubbachischen Angelegenheit, wozu aber bei der heftigen Haltung der beiden Silberrab die Genossenschaft sich nicht verbindlich machen wollte.

Nun ging der Rat angriffsweise vor und erließ gegen Hennert, Baur, Silberrab, Stehlin und Fiegenbach, der überdies im Rate falsch berichtet hatte, Verhaftsbefehle, da sie wider Kommissionsbescheid und veröffentlichtes Edikt Versammlungen berufen hätten. Fiegenbach konnte noch fliehen, die andern wurden am 4. Febr. 1602 eingezogen. Folgenden Tages gleich erschien Kaspar Silberrab mit der ganzen Verwandtschaft und den Mitgliedern des frühern Ausschusses und forderte ben Grund der Verhaftung seines Bruders und Genossen zu hören, da sie sich doch auf Kaiserliches Recht berufen. Er forderte sofortige Loslassung, andernfalls sie alle auf etwas bedacht, was sie lieber unterließen, denn sie hätten auf festes Zusammenhalten sich die Handtreu gegeben. Als man Kaspar Silberrad hatte abtreten lassen und nun die Bürger über die Tragweite solcher Worte befragte, wollten sie die Verantwortung nicht mittragen, denn ihre Zusage wäre bloß auf Unterstützung der Bitte um Freilassung gegangen. Auf diese Vorgänge beschließt der Rat die Verhaftung des Kaspar Silberrad, welcher sich aber vorher aus der Stadt zu flüchten vermochte.

Der gefangene Ruprecht Silberrad giebt nun an, daß er die Zusammenkünfte allein zum Zwecke berufen habe, eine Bestätigung des Kaiserlichen Abschieds beim Grafen von Fürstenberg zu erwirken und dann für sich einen Beistand in der Klage gegen Laubbachs Töchter zu erreichen, denn ohne schon früher gegebene Zusagen hätte er die Klage gar nicht erhoben. Eine schriftliche Fassung habe er aus Furcht gescheut, daß sein Kind es um so mehr büßen müßte. Beim Grafen habe er sowohl um Hilfe in der Klagsache gebeten als um Aufschluß, ob nicht eigentlich 24 statt nur 12 im jungen Rate sitzen sollten. Stehlin hingegen behauptet, mit den Ausschüssen nicht verhandelt zu haben. Seine einzige Triebfeder sei der Schmerz über den herben Verlust seines Kindes gewesen. Er habe sein armes krankes Söhnchen dem Ehrbaren Rate selbst vorgezeigt und sei der Grund von dessen Leiden um so klarer, als auch die Aussagen erst eingezogener Weiber die Laubbache als Hexengenossen bezeichnet und die Beschädigung bestätigt hätten. Meine Herren müßten befugt sein, diese Zaubermädchen anzugreifen, warum er nochmals bitte, obgleich er die jüngere Tochter bedauere.

Auf Fürbitte der Kirchherrn werden die gefangenen Bürger gegen das Versprechen, bis zur Entscheidung in ihren Häusern zu verbleiben, aus dem Gefängnisse entlassen.

Die Stellung besagter Männer blieb immer dem Rate feindlich. Dieser suchte dagegen sie auf alle Weise zu fassen. Kaspar Silberrad wird in Straßburg eingezogen, sein Vermögen mit Beschlag belegt, der erst im August 1608 auf Kaiserl. Befehl aufgehoben wird. Die Beschlüsse scheinen nicht immer rechtlich gut begründet gewesen zu sein, denn Kaspar Silberrad erhielt durch Kommissionsbescheid einen Anspruch gegen den Schultheißen im Betrage von 1600 Gulden und Lienhard Stehlin eine Forderung von 200 ℔ an den alten und 27 ℔ an den jungen Rat. Er rühmte sich, die Herren hätten ihm das Geld mit Spott genommen, mit Schande hätten sie es ihm wieder geben müssen.

Auf diese Weise wurde den Verteidigern der strengen Hexenverfolgung ein Sieg zu Teil. Von den Führern der Bewegung mied Kaspar Silberrad, welcher den 3. Febr. 1595 von der Schmiedzunft in den Rat gewählt worden war, als gleichzeitig die Constoffler den Georg Laubbach in diese Körperschaft sandten, die Vaterstadt, wohnte in Prag und Passau, wo ihn 1613 der Tod ereilte. Lienhard Stehlin wurde im Jahre 1624 eingezogen, weil er mit vermummten Soldaten und seinem Sohne im März 1623 den Spitalhof geplündert hatte. Sein Sohn ging flüchtig, seine Frau wurde in Stadt gebannt. Lienhard brach am 17. Jan. 1624 aus seinem Kerker im Kittelturme aus, stürzte herab und erlitt neben Wunden einen Schenkelbruch. Dennoch ließ man ihn foltern. Da ließ er dem Rate in bitterm Hohne sagen, er möchte mit ihm keine Übereilung haben, wie es schon einmal der Fall gewesen. Am 9. Februar 1624 aber wurde, nachdem sein Erbieten, in Türkenkrieg zu ziehen oder im Leben seine Wohnung nie mehr zu verlassen, abgewiesen worden war, „ihm zur Straf und Andern zum schrecklichen Exempel" das Haupt abgeschlagen.

Zur Zeit, als der Streit über Recht und Notwendigkeit einer amtlichen Hexenverfolgung die Bürger der Stadt in Atem zu bringen begonnen hatte, — es war am 22. Oktober 1601 — zog ein schlankes junges Weib einen zweirädrigen Karren mit grauem Leinendache von Albersbach die Tanweggasse herunter. Ihre Mutter ging müde und stille bald an den Leitern sich stützend, bald leicht nachschiebend an der Seite des leichten Gefährtes. Die Junge trat aus den Landen und beide setzten sich behaglich auf die Höhe eines Rebschwalles, von wo man einen hübschen freundlichen Blick über die Stadt und ihre Wälle in die Rheinebene hatte.

Jeder, der gegen äußere Geltung Gleichgiltigkeit und tiefe südländische Neigung zu sorgenleichter Ungezwungenheit des Lebens verborgen im Herzen hegt, sieht gewiß oft sonderlich angemutet solchen Wanderkarren nach, deren besitzlose Insassen heiter und lachend in die freie

Welt hinziehen. Das Eigentum ist auch ein eigentümliches Ding.
Es zu erringen tritt vielleicht Mancher von denen, welche fest hinter
Türmen und Mauern wohnen, dem Gewissen und dem Richtschwerte
nah. Erworben bringt das Besitztum wieder Pein und Beschwerde
und streift dem Menschengemüte die unbefangene Fröhlichkeit ab, wie
eine rauhe Hand dem schillernden Falter die farbenglänzenden Flügel=
schuppen. Sorgfältig zieht der Grundherr durch Feldmesser und
Steinsetzer die Grenze seiner Äcker, daß ihm kein Halm verloren gehe
und behutsam setzt er den Baum zwei Schritte vom Grundstücke der
Nachbarn, daß diesem kein Apfel mühelos in den Schoß falle. Mit
ängstlicher Bedachtsamkeit sucht jeder sein Haus so zu richten, daß es
seinem Leben und Gute alle Gefahr ferne halten soll. Geschäftig
kommen ihm Gesetzgeber und Gelehrte zu Hilfe. Der Nachbar darf
ihm mit den Luglöchern nicht nahe kommen, daß er nicht eines Tages
scharf in seinen ersessenen Luft= und Lichtraum schaue. Damit ihm,
wenn sein Herz in Fett gebettet, nicht irgendwo der Atem stocke, müssen
Alle acht Fuß hohe Zimmer bauen, denn sie glauben nicht, daß die
himmlische Luft in das Gemach des Armen, der nicht so hoch zu bauen
vermag, bringen würde, sperrte er auch Fenster und Thür angelweit
auf. Um des Tages belebendes Licht zu genießen und doch gegen
Sturm, Regen und fieberkalte Nachtluft geschützt zu sein, baut der
Hausherr erfinderisch die klaren hellen Fenster in die dunkeln Mauern:
aber da kommt der Arzt und beweist ihm eindringlich, daß er nur
in freier Luft und ungeheiztem Zimmer schlafen darf, soll ihn nicht
die Tuberkulose oder Rachenbräune holen. Ratlos blickt er sein
Fenster an, ob er es schließen oder als nutzlos öffnen soll. Im
Sommer zürnt er der Sonne, die mit erschlaffender Glut in seine
Stube brennt, während des Winters aber gäbe er in seinem kalt=
schattigen Raume Vieles darum, stände sie wieder so hoch, daß sie
wärmend durch die Scheiben blickte. Damit des Todes hohläugige
Böttn, die Krankheit, ihren Pesthauch nicht in sein Haus einatme,
cementiert er mit dicker Schicht die Grube und stäubt und spritzt
vorschriftsmäßig mit Karbol, Salicyl, Thymol, Kalk und Eisenvitriol
oder wie die Retortenköche und Doktoren diese Dinge heißen. Klein=
mütig flöh er bei Gefahr doch gerne weit hinweg, aber Haus und Hof
halten ihn mit eiserner Hand. Wie leichten Sinnes dagegen wandern diese

armen Wagenhäusler durch das Land dahin. Drückt auf dem Wege
der Sonne Glut, so fahren sie ihr Haus, den plachbedeckten Wagen,
in Schatten und Windzug; frostet es, so schlagen sie's im goldenen
Sonnenscheine auf. Sie brauchen die vielgesinnten Ärzte nicht zu
fragen, ob sie nachts die Fenster schließen oder öffnen sollen, denn
ihnen weht bei Sonnen= und bei Sternenschein stets des Himmels
frischer Odem in das Gesicht. Auf die Berge ziehen sie, haust Unglück
in der Ebene, und zu Thal geht ihr Zug, wenn Gefahr auf den
Höhen. Unterwegs kehren sie beim Wirte zum Apfelbaum ein oder
beim Wirte zum Rebstocke. Wo es ihnen gefällt, wählen sie das
Ruhelager: unter dem Schatten der blütenduftigen Linde oder am
sonnigen Raine. „Sorget nicht für Euer Leben, was ihr essen und
trinken werdet. Sehet die Vögel unter dem Himmel an: sie säen,
sie ernten nicht, sie sammeln nicht in die Scheunen und Euer Himmlischer
Vater nähret sie doch" gilt ihnen als höchster Bibelspruch, dem sie
gehorsam ihr Leben weihen. Solch christlicher Sinn gefällt aber leider
den Vögten nicht, welche ihnen mit mißtrauischem Auge folgen. Können
diese die Armen einmal fassen, dann argwöhnen sie unter ihrer Dürf=
tigkeit alle Frevel und lassen sie fortquälend nimmer los. In den
Folterstunden des Unrechts kommt auch den Harmlosen oft der Gedanke
an Vergeltung und rächend ziehen sie in ihren Untergang, was ihren
schwachen Armen erreichbar.

Die beiden Frauen, welche so bescheiden von Albersbach herab=
gefahren waren und sich auf dem Raine niedergelassen hatten, saßen
lange wortlos neben einander. Die Mutter beerte gemächlich eine
Traube ab, welche ihr die Tochter von der Rebe gebrochen hatte. Diese
blickte unbeweglich nach dem Kreuze des Schutterwälder Kirchturms,
welches über die Bäume des Waldes her glänzte. Es waren die
Bilder früherer Tage in ihr aufgestiegen. Frei und ledig zog sie da
Jahr aus Jahr ein über Berg und Thal, von Hof zu Hof. Überall
empfing man die hübsche lebenslustige Marie, welche nichts hatte,
wohin sie ihr Haupt lege, mit ungezwungener Freundlichkeit. Wurde
sie einmal von einer Bäuerin mit barschem Worte „brauche Nichts"
abgewiesen, so konnte Marie nur ungekränkt ein heiteres „Gott behüt
Euch" sagen und blos scherzend bemerken: „bei der ist heute wohl
der Hausfrieden zum Dach hinausgefahren. Das bedeutet Sturm für

ben Mann." Sie schüttelte den Staub von den Füßen und ging zum nächsten Hofe, um freundliche Aufnahme und willkommene leichte Arbeit zu finden. Wie anders ist es geworden, seitdem sie sich einem Weber verehlichte, welcher in Schutterwald ein kleines Häuschen mit Gärtchen besaß. Kein Mensch schätzte mehr die gute Marie nach ihrem eigenen Werte, sondern nur nach dem der Hütte ihres Mannes. Wenn die dümmste und batzigste Bäuerin in den Kramladen kam, sie bediente der Krämer zuerst und die aufgeweckte leutselige Webersfrau ließ er warten, wie sehr sie auch mit ihrer Zeit im Gedränge. Bei dem Leichenzuge, bei der Prozession und in der Kirche mußte sie mit den Taglöhnerinen hinten hin, war doch ihr Häuschen auch gar so klein. Bei der vorletzten Kirchweih brängte man sie mit ihrem Manne und der Mutter vom Haupttische weg und sie mußten sich in die Ecke flüchten, denn ihr Mann wagte der Kundschaft wegen keinen Widerspruch zu erheben. Sie fühlte, wenn sie die andern Frauen betrachtete, sich ungerecht und tief gedemütigt, beklagte innerlich, einen Mann mit Kundschaft zu haben, und grollte gegen die Vorrechte des Besitzes. Alles wäre ihr nicht begegnet, wenn ihre Hütte nicht so klein. Das Eigentum mißt sich.

Während ihrer Betrachtung trat der Eigentümer der Reben, Ölmüller Weyd von Offenburg, vor und führte die beiden als Traubendiebinnen nach der Stadt.

Im Gefängnisse meinte die Mutter, daß man sie beide gar in der Geige auf den Marktplatz stellen werde. Marie konnte dieses nicht glauben, da sie ja ihr Leben durch brav und ehrlich gewesen und der Griff nach einer Frucht, welche so reichlich an den Stöcken hing, eine solche Schande nicht rechtfertigen würde. Da kamen die vier Stettmeister mit dem Scharfrichter und eröffneten den beiden, daß sie das gütliche und peinliche Verhör wegen Zauberei mit ihnen halten würden. Es war für die Gefangenen ein unglückseliges Verhängnis gewesen, daß sich die Bürger gerade über die Hexen stritten. Der Rat wollte die beiden Frauen als Diebinnen einfach an den Pranger stellen. Der Ratsherr Christopf Rues, Anhänger der Silberradischen Partei, wußte aber die Versammlung von ihrer Anschauung abwendig zu machen und den Beschluß zu erlangen, daß gegen die Freblerinnen gleich wegen Hexerei vorgegangen werde.

Marie fühlte durch, daß wenn sie nicht arm wären, die Rats=
herren sich gewiß besonnen hätten, ohne jeden Anlaß auf unberechtigtem
Gerichtsgebiete eine solche Untersuchung mit allen den fürchterlichen
Foltern gegen sie einzuleiten. Sie sah sich verloren. Ohnmächtig
und ohne Schutz konnte sie eine gewisse Genugthuung nur in dem
Gedanken finden, daß sie Armselige von ihrem Scheiterhaufen aus
die Brandfackel in die ungerechte Stadt hinschleudere. Ihr Plan war
bald gefaßt und sie führte ihn durch. Mit der Folter befragt gab sie
an, daß Eva Vetter ihre Mutter sei. Sie selbst sei mit einem
Weber in Schutterwald getraut. Seit 2 Jahren jedoch, wo sie mit
ihrem Manne und der Mutter auf der Kirchweih zusammen getrunken
und die Mutter ihr eingeschenkt habe, fühle sie eine unwiderstehliche
Abneigung gegen ihn. Vorher schon habe ihr die Mutter, wenn sie
ihre Kunst lernen wollte, einen hübscheren Mann versprochen und sie,
weil sie den Weber doch einen guten Mann nannte, sogar geschlagen.
In der Nacht habe sie die Mutter manchmal sprechen hören, ohne daß
Jemand bei ihr gewesen. Gestohlen habe sie nie und dieses Mal der
Mutter, weil sie durstig war, auf ihre Bitte eine Traube abgebrochen.
Eva Vetter, nur leer aufgezogen, gestand, höchstens einmal Kraut
genommen zu haben. Die Aussagen der Tochter über sie wären
durchaus unbegründet. Auf die volle Tortur hin mußte Marie
mehr zu berichten. Als sie vor drei Jahren durch den Wald nach
Offenburg ging, erzählt sie, begegnete ihr drei Mal ein Mann in grünem
Kleide und beim dritten Male sprach er sie an. Sie bemerkte einen
Geißfuß an ihm und rief erschrocken Gott an „worauf er mit solchem
Greul davon gerauscht, daß es nicht anders gekracht, als wenn Himmel
und Erde untergehen wollten.“ Vor zwei Jahren, als sie Hunger
und Not leiden mußten, erschien er wieder und versprach ihr viel Geld,
wenn sie ihm willig sein möchte. Sie gab sich ihm hin, fand ihn
aber so kalt, wie einen Eggezahn. Auch dieses Mal verschwand er
unter einem Geräusch „als wenn der Wald darunter und darüber
ginge.“ Das gereichte Geld erzeigte sich als ein Pfennig in Pferdekot.
Entehrt und in ihrem Elende bitter getäuscht, rief sie die Mutter
Gottes an und schwur dem „Kreutlin“ ab. Der Eid war bald
vergessen und der Buhle erschien wieder ganz willkommen. Vor zwei
Jahren hielt sie schon bei den sieben Linden ihre Hochzeit, während

welcher sie dem Manne, damit er nicht erwache und doch atmen könne,
einen Blasbalg auf den Mund legte. Dem Feste wohnte des Bäckers
Gwinner Frau, die Bäcker=Else genannt, und die Frau Fritz bei,
eben so des Kaspar Silberrads Frau und mehrere Schutterwälderinnen.
Als sie recht lustig geworden waren, erzählte die Else, daß sie schon
seit 16 Jahren her Hexerei treibe, und die Frau Silberrad gab das
Alter ihrer Kunst auf 22 Jahre an. Auch des Stettmeisters Sandhaslin
Frau und die alte Stadtschreiberin Wiß waren zugegen. Der Tisch
war nach der Ansicht Maries ganz vortrefflich, obgleich sie mit der
Frau Buntenhänslin, weil sie von allen die „nachgiltischen“ gewesen,
nur die Reste vom Mahle bekam. Mit einem Hölzchen, das ihr
damals der Buhle gegeben habe, brauchte sie eines Bauern Schwein nur
zu berühren, damit es am dritten Tage ende. Großen Schaden hatte
aber die Else gethan, indem sie ein zweiöhmiges Fäßchen voll Raupen
und ein dreiöhmiges Fäßchen Maikäfer in den Bürgerwald gesäet,
damit sie das Laub abfressen. Else trage gegen die Offenburger
einen so tiefen Haß, daß so lange dieses Weib lebe, kein
Eckerich mehr gedeihen könne. Die Schutterwälder unterstützten
die Frau Gwinner, indem sie ein vieröhmiges Faß Raupen im Walde
aussetzten. Bald nach ihrer Hochzeit, giebt Marie weiter an, wurde
bei den sieben Linden ein großes Hexenfest gehalten. Die Frau eines
Offenburger Junkers, dessen Name sie nicht kenne, brachte ein vier=
zehntägiges Kalb und guten Wein, was beides sie einem Elsäßer
Bauern in Molsheim entführt hatte. Die Frau Junker ritt auf einer
schwarzen Kuh, welche die Frau des Sebastian Witschel gewesen sei.
Die übrigen sausten auf Stecken und Gabeln daher. Vergnüglich
ging es auch vor einem Jahre zu, als die Bäcker=Else ihre Tochter
dem Hämmerlin auf die linke Hand traute. Zum Tanze spielte ein
einäugiger Sackpfeifer, dem bei Beendigung des Festes jedermann ein
Trinkgeld gab. Weil Marie und die ebenso arme Buntenhänslerin
dieses nicht vermochten, so mußten sie dafür das, was die Tempelherren
nur dem Höllenfürsten thaten und wozu selbst der tapfere Götz von
Berlichingen in seinem frischen Gruße vergeblich den Hauptmann des
Exekutionszugs einlud, an der Frau Spieß und Altstadtschreiberin
verrichten. Eine ganz eigentümliche Huldigung, welche die Schwär=
merinnen der Kunst darbrachten!

Die Aussagen der Mutter, Eva Vetter, blieben trotz Tortur auf das Geständnis beschränkt, daß sie sich vor 3 Jahren dem „Biberlein" ergeben, welcher ihr für das ganze Leben Geld genug versprochen habe. Er schob ihr feinsittig, um sie nicht zu sofortigem verlegenem Dankesausdrucke zu veranlassen, Geld in den Busen. Sie befand es aber später als Hafenscherben. Die Angeklagte wurde nun auf die Aussage der Tochter weiter gefoltert, bis sie gestand. Die weitere Tortur bei Marie erzweckte Bestätigung ihrer Angaben, welche sie noch dadurch erweiterte, daß sie erzählte, wie der böse Geist sie in dem Kerker besucht und ihr mit Drohungen das Geständnis seiner Verführungsthat untersagt, sie schwer mißhandelt, den Kopf an die Wand geschlagen und sie zu ermorden versucht habe. Marie ward nun ihrer Mutter gegenübergestellt. Beide blieben auf der Wahrheit der gemachten Aussagen bestehen und wollten gerne darauf sterben. Sie begehrten „nur die Gnade, daß den Andern ebenmäßig geschähe."

Der Rat beschloß auf den Bericht von diesem Ergebnisse der Untersuchung vom 31. Oktober 1601 die sofortige Gefangennahme der Hausfrau des Bäckers Martin Gwinner, der Tochter des vielgeprüften Laubbach, die man nur die Bäcker-Else nannte. Gütlich befragt macht sie sich — nach der spöttischen Darstellung der Stettmeister — so rein „wie Christus, welcher am Stamm des heiligen Kreuzes schuldlos gestorben." Es blieb ohne jeden Eindruck auf sie, als man ihr die Namen der Zeugen mitteilte, welche sie als Mitschuldige angegeben hatten und auf die Wahrheit ihrer Aussagen in den Tod gegangen waren und ebenso, als man ihr vorstellte, es lebten noch solche, welche darauf zu sterben bereit seien, daß sie gleich ihnen ein zauberisches Weib sei. Sie gab ruhig und fest zur Antwort, die Toten wie die Lebenden hätten die volle Unwahrheit gesagt und ihre Seele schwer belastet. Nachdem man die Tortur gegen sie beschlossen, wurde sie am 3. November erst der Marie gegenübergestellt, welche die gemachten Aussagen ihr standhaft in das Gesicht behauptete, während sie selbst dieselben ebenso fest in Abrede stellte. Zuletzt sagte die Vetter: Weine einmal! Du kannst so wenig weinen wie ich! Um die Ursache der Thränenlosigkeit befragt, gab sie an, daß der Böse ihnen das Wasser des Auges nehme, und wenn man bei einer Zauberin

je eine Thräne sehe, da habe ihr der Teufel Wasser in das Gesicht
gespritzt! Wie die Tochter blieb auch die Mutter Eva gegenüber der
Frau Gwinner auf ihren Angaben bestehen. Die vom Rate bestellten
Untersuchungsrichter, der Schultheiß Stemmler, die Stettmeister Jakob
Kiefer, Kaspar Wöller, Gabriel Riedinger und Franz Sorg nebst
Stadtschreiber Berschi sprachen ihr darauf angelegentlich zu, einmal
überwiesen ihres Leibes zu schonen und ohne Folter das Geständnis
abzulegen. Sie blieb bei ihrem Worte. Nun ließ man sie aufziehen.
Sie schrie fürchterlich auf und bat sie abzulassen, da sie bekennen
wolle. Bald aber betete sie die Worte des Herrn: Vater vergieb
ihnen, denn sie wissen nicht was sie thun! Der Meister mochte von
jetzt an ziehen, wie er wollte, sie schien es nicht zu fühlen. Dies
gab dem Rate Anlaß, sie in ein anderes Gefängnis verbringen zu
lassen, wie dies bei Rumens Anna geschehen, damit sie dort mit allem
Ernste ziemlich verhört werde. Man erbat sich auch den Rat des
Kirchherrn.

Von diesen Vorgängen wurden die besonnenen Gegner der Hexen=
prozesse tief berührt. „Ein vornehmer Mann" machte namentlich dem
Rate Christoph Rues den bittern Vorwurf, daß er einen einfachen
Feldfrevel zur Einleitung einer verhängnisvollen Frauenverfolgung
mißbraucht habe. Rues frug deshalb im Rate an, ob es ihm noch,
frei nach seinem Gewissen zu sprechen und abzustimmen, vergönnt sei
oder ob man ihm bei solchen Dingen gestatte, durch Handaufheben
die Stimme abzugeben oder abzutreten. Der Rat gab ihm das Recht,
alles dieses nach seinem Willen zu thun und forderte ihn auf, den=
jenigen zu nennen, der aus der Versammlung gesprochen. Als man
Rat Kast abtreten hieß, frug er erschrocken, ob das wegen Anschul=
digung seiner Frau geschehe? Man wollte dieses in Bedacht ziehen,
war die wenig tröstliche Antwort.

Nach diesem Zwischenfalle faßte der Rat auf Grund der Aus=
sagen der Eva und Maria Vetter und auf Grund einer Inquisition,
welche der Kirchherr im Jahre 1598 geführt hatte und auf Grund
seines jetzigen Gutachtens, das man sich erbeten, den Beschluß, auch
die Tochter der Bäcker=Else, die junge Agathe, einzuziehen. Der
Kirchherr erbot seine Dienste, um nach Bedürfnis die Gefangenen
durch Zuspruch und treuherziges Ermahnen zu erweichen. Er gab

zugleich Mittel an, wie dem Mädchen durch die christliche Kirche geholfen werden könne, ohne des Rates juristischer Doktoren zu bedürfen.

Man legte das Mädchen in das kleine Stübchen des Käner=turms. Beim Verhör stellte Agathe alle Beschuldigung so entschieden und vollständig in Abrede, „daß man bei ihrer großen Jugend über die unerhörte Frechheit nur staunen konnte." Ebenso die Mutter Else. Als man diese jedoch am 7. November zum dritten Male aufzog, schrie sie jammernd auf und „befand zuletzt, daß sie die Folter gar nicht erleiden möge." Sie legte daher das Geständnis ab, daß sie der Liebe des entenfüßigen Leiblin genossen habe. Weil dieses Geständnis nur unvollständig, „griff man sie mit der Folter auf das stärkste an, so daß sie die größte Steine vom Boden aufzog." Aber aller Pein und aller Zurede ungeachtet behauptet sie, daß ihr Geständnis nur Lüge gewesen, welche sie in der Absicht gethan, die Marter zum Einhalt zu bringen. Die Räte, sagte sie, sprächen ihr immer zu, ja die Wahrheit zu reden, in allen ihren furchtbaren Schmerzen gehorche sie nun und erkläre als Wahr=heit, daß sie unschuldig sei. Endlich ließ man mit der Folter ab.

Auch die Eva Vetter war in ihren Aussagen über Else und ihre Tochter Agathe sehr schwankend geworden, nahm sie aber zuletzt wieder auf und beteuerte sie mit Marie durch einen Eid. Den=noch „verneinte am 14. November Agathe diese Aussagen alle so leicht=fertig und zieh die Anklägerinnen so vermessen und frevelhaft der Lüge", daß sich die Räte wieder nicht genug „verwundern" konnten. Man stellte ihr deshalb am 19. November die Marie gegenüber. Diese frug nun Agathe, ob sie denn sich nicht mehr erinnern wolle, wie sie zusammen ein Wetter zu machen versuchten, welches das Schwabhäuser Thor und alle Früchte zerschlagen sollte, damit der Laib auf einen Batzen oder Schilling käme und ihre Mutter als Bäckerin etwas Ordentliches für ihre Kinder heraus=schlüge. Sie, Marie, habe jedoch den Hafen, worin Else das Wetter kochte, mit dem linken Fuße umgestoßen, „worauf diese über sie gewischt und ihr das Maul dermaßen zerschlagen habe, daß sie 3 Tage nur das helle Wasser genießen konnte." Diese Beschuldigungen mit ihrer so überzeugenden Schilderung in das Einzelne der Beweg=

gründe und der Art des Vorganges machten nicht den geringsten Ein=
druck auf Agathe, welche nach wie vor alles und jedes in Abrede
stellte. Man führte sie in ihr Stübchen zurück und schickt ihr den Meister
mit den Ruten. Da fing sie an zu bekennen und legte andern Tages
volles Geständnis ab.

Weiterhin hatte man der Marie in dieser Untersuchung nimmer
nötig. Sie wurde jetzt zum Tode durch das Schwert, ihre Mutter
zum Feuertode verurteilt. Als Marie den Spruch vernahm, kam sie
in volle Verzweiflung und wollte unter keinen Umständen ohne Frau
Silberrad sterben. Man konnte sie nur mit Mühe beschwichtigen.
Wie zum Kirchweihtanze sollte sie auch zum Tode mit der Mutter
alleine gehen. Da sie am 22. November auf der Fahrt zum Richt=
platze vor den Häusern Laubbachs, Ruprecht Silberrads und Stehlins
vorüberkam, sagte sie, Laubbach habe auch zwei Töchter, welche durch
ihre Hexerei dem Silberrad und Stehlin vielen Schaden gethan. Das
Wort fiel auf fruchtbaren Boden: Stehlin benützt es als Zeugnis
gegen Laubbachs Helene.

Gegen Frau Gwinner führte man ihre eigene Tochter in das
Feld. Am Hinrichtungstage der beiden Vetter teilte man ihr mit,
wie belastend Agathe auf sie aussage. Sie konnte es nicht fassen,
daß ihr Kind solches gesprochen habe. Man stellte es ihr gegenüber.
Agathe war ganz niedergeschlagen und verzagt und konnte kein Wort
hervorbringen, „denn ihr Herz sei ihr zu voll.“ Als ihre Mutter sie
vorwurfsvoll fragte, wie sie zu solchen falschen Angaben gekommen
sei, erklärte sie, daß es die Furcht vor des Meister Ruten gewesen,
welche sie dazu gebracht. Dann gestand sie aber wieder kleinmütig,
sie hätte die beiden Fischer, welche gegen sie gezeugt, wirklich eines
frühen Morgens vor den Thoren getroffen, ohne die Frage, woher sie
komme, beantworten zu können. Die Mutter fuhr im Banggefühle
auf und rief: „Warum habe ich dich unglückliches Kind nicht in dem
ersten Bade ertränkt.“ „O Mutter, Mutter, hättest du es gethan!“
sagte schmerzlich die Tochter und vermochte sich nimmer zu halten.
Man führte sie weg. Laß dich durch die Marter nicht trüben! rief
mahnend die Mutter dem unglückseligen Kinde nach. Im Stübchen
angekommen wiederholte es seine frühere Aussagen. Man begnügte
sich mit ihrem Geständnisse, auf dem sie beharren zu müssen beteuerte.

Um Gottes Willen aber bat sie, man möge sie doch ja nimmer zur Mutter bringen, das presse ihr die Brust zusammen, sie könne dann doch nichts sprechen.

Else dagegen war unerschütterlich. Der Rat befahl daher um des Teufels Hilf zu brechen, sie in Kinzigturm zu verbringen, ihre Kleider zu wechseln und ernste Tortur anzuwenden, daß sie endlich zur Wahrheit komme. Aber auch im frischen Hembe und im neuen Kerker blieb sie am 26. November die alte Leugnerin jeder Schuld, obgleich man ihr die Angaben der eigenen Tochter, die Aussagen der beiden Veiter, auf deren Wahrheit sie geschworen und den Tod erlitten haben, eindringlich zu Gemüte führte. Der Meister legte ihr die Preßeisen an die Hand und schraubte fest zu. Sie rief jammernd Gott um Hilfe an, aber beteuerte ihre Unschuld. Der Meister befestigte sie nun an die Folter und zog etliche Male kräftig an: da bat sie inständig um Nachlaß. Kaum hatte man willfahrt, so erklärte sie wieder ihre volle Schuldlosigkeit, denn die Herren Stettmeister stünden ja immer da und redeten ihr zu, keine Unwahrheit zu sagen. „Als sie aber sah, daß man nicht nachlassen will und man ihr noch mehr drohte, als bisher geschehen, fing sie zuletzt kümmerlich an, mit der Sprache herauszurücken" und erzählte die gewöhnliche Geschichte von Feberle. Mehr konnte man „wegen der großen Kälte" nicht aus ihr bringen, in deren Anbetracht auch die Folter bis zum 11. Dezember verschoben wurde, wo Herr Schultheiß Stemmle, die Stettmeister Sorg, Kiefer, Niedinger und Geuß wieder in Elsens Kerker erschienen. Die Gefangene stellte, wie früher, jedes Vergehen in Abrede. Als man den Meister zur Tortur rief, bat sie flehentlich, man möchte ihr einmal noch die Tochter zeigen und wenigstens den Kirchherrn senden. Man schlug es ab und legte sie auf die Folter. Eine Zeit lang schien sie trotz alles Marterns ruhig zu schlafen. Man spritzte ihr da kaltes Wasser vom Fischbrunnen weg in das Gesicht, worauf sie zu schreien anfing und herab begehrte. Kaum aber ließ man nach, so nahm sie ihre Bekenntnisse wieder zurück. „Zuletzt die Herren Examinatoren überdrüssig waren und anziehen lassen, daß sie solches nit mehr leiden wollen." Da bekennt sie endlich ihre Verbindung mit dem Leiblin, wie sie jetzt vergeßlich ihren Buhlen heißt, und 2 Hexenfahrten auf der Kunkel. Als Genossinnen

4

bei den Zusammenkünften nennt sie die Frau Spieß und die Altrat=
schreiberin Wyß. Auf mehr will sie sich besinnen.

Am 13. Dezember nahm Frau Gwinner wieder alle ihre Ge=
ständnisse zurück und bat ihre Tochter sehen zu dürfen. Man sandte
ihr den Prediger Lazarus, dem sie aber seines geistlichen Zuspruchs
ungeachtet keine Schuld bekannte. Am 15. stiegen wiederum die
Untersuchungsrichter auf den Turm und stellten der Frau ihre heillose
Verstocktheit vor, mit welcher sie selbst dem Prediger, der ja von ihrer
eigenen Tochter her alle ihre Verbrechen kenne und sich noch um die
Rettung ihrer Seele bemühe, ihre Thaten ableugne. Sie teilten ihr
den Ratsbefehl mit „ohne Gnad und Mitleid mit der Tortur
gegen sie zu verfahren und von derselben nicht abzulassen,
bis sie die Wahrheit herausgebracht." Frau Else „stellte sich
schwach", behauptete ihre Unschuld und erst als man sie band, flehte
sie um Verschonung mit neuer Tortur. Sie wolle nun lieber gestehen
und gerne darauf hin sterben. Sie machte alsdann wieder die vorigen
Angaben. Nur Eines nahm sie berichtigend zurück. In dem frühern
Verhör hatte sie Frau Spieß und Frau Wyß genannt. Diese Aus=
sage sei unwahr. Sie hätte wohl einmal geglaubt, die beiden Frauen
zu sehen, beim Näherbetrachten seien es aber unbekannte Weiber mit
Bauernhüten gewesen. Auf der Hexenversammlung sei ein solches
Getob und Getümmel, daß man darüber unmöglich etwas Sicheres
berichten könne. Alle Gäste hätten Gesicht und Gestalt so verhüllt,
daß man niemanden zu erkennen vermöge. Überdies wisse der Teufel
sich selbst in allerlei Gestalten zu verwandeln. Nachdem nun Else
diese Geständnisse endlich abgelegt hatte, verlangten die Untersuchungs=
richter ihren Eid. Bestürzt frug sie, ob es denn nicht genüge, wenn
sie darauf zu sterben sich erbiete. Als die Richter auf dem Eid
bestanden, fing sie bitterlich an zu weinen.

Am 19. Dezember verurteilt, bestieg Else am 21. Dezem=
ber den Scheiterhaufen, gewiß eine der edelsten Frauen, welche
je gelebt! Aus dem verfolgten Geschlechte der Laubbach, sieht sie des
Gatten und Vaters Liebe machtlos, dagegen ihre eigene Tochter durch
die Richter zur Anklägerin ernannt. Alle körperliche und geistige
Folter werden von den Räten, deren stumpfsinnige Verblendung uns
unbegreiflich geworden, über das arme Weib verhängt, bis sie in

schmerzlichster Leibesqual endlich den Tod der weitern fruchtlosen Verteidigung ihrer Schuldlosigkeit vorzieht. Nicht gesättigt zwingt das heuchlerische Recht die Gemarterte, zum leiblichen Tode noch durch den falschen Eid den Seelentod zu erleiden, gerade weil sie wirklich unschuldig ist. Für alle diese Frevelthaten der Menschen, für ihre höchsten Leibes- und Seelenqualen hat die liebevolle Else im leuchtenden Gegensatze zu ihrer Anklägerin Maria nichts als die ängstliche Sorgfalt, niemanden mit in das Verderben zu ziehen und ihren Mitbürgerinnen durch ihre Angaben die Möglichkeit eines Schutzes zu bieten gegen den Richterverstand des herrschenden Männergeschlechts. Ein wahrhaft tragisches Geschick schwebt über dem Leben dieser gottgemuteten Bürgersfrau.

Ihre Tochter Agathe war auf Vorschlag des Kirchherrn schon am 30. November in einem stillen Stübchen der Elenden Herberge an die Kette gelegt worden. Man hoffte, daß, wenn die kirchlichen Mittel die Verbrechen des Mädchens inner 14 Tagen gesühnet, wohl die ganze Freundschaft sich um ihre Befreiung bemühen werde. Es scheint jedoch das Mitgefühl für die Gefangene, welche — aller Vermutung nach durch Zuspruch bestimmt und sicher gemacht, dadurch ihr Leben zu retten — den anfänglich gezeigten Mut, für die eigene und der Mutter Ehre einzustehen, kindisch-schwach schon vor den Ruten des Scharfrichters hatte sinken lassen, bei den Angehörigen erkaltet gewesen zu sein. Es wollte sie niemand erlösen. Am 31. Dezember erklärt sogar die Verwandtschaft ausdrücklich, sie völlig dem Rate zu überlassen und brachte die Behörde in einige Verlegenheit. Am 9. Januar 1602 siegte aber doch die Elternliebe und der Vater Martin Gwinner bat den Rat, bei ihr in Ansehung der großen Jugend von aller Leibesstrafe abzusehen. Sie ward nun begnadigt unter der Bedingung, daß sie auf Urphede die Stadt verlasse und der Vater sie an einen katholischen Ort verbringe, indem er zugleich gegen ihre Rückkehr Bürgschaft leiste. Ihre Freilassung gefiel manchen Bürgern nicht, bei welchen die so boshaft ausgedachten Anschuldigungen der Maria Wurzel geschlagen hatte. „Wären die 2 fremden Weibspersonen nicht gewesen", meinten auf der Stube der zunächst betroffenen Rebleute Bastian Hemmert und Hans Baur, „so triebe die Bäcker-Else heute noch ihr Wesen mit Raupen- und Käfersaat. Die Meine-Herren werden es schwer zu verantworten haben, daß man das Agathle also

hat gehen laſſen." Agathe aber ging, der Haft entlaſſen, nach Weißen=
burg, wo ſie durch ihre vortreffliche Haltung bald die Zuneigung
eines Mannes erhielt und ſich 1605 verehelichte. Im Februar dieſes
Jahres durfte ſie ihren Vater in Offenburg unter der Auflage beſuchen
„ſich auf das beſcheidenſte und eingezogenſte zu verhalten." Manche
bittere Thräne der Reue und der Liebe mag die jugendliche Anklägerin
ihrem Opfer, der vortrefflichen Mutter, deren Anblick ihr angſtvolles
und ſchuldbewußtes Herz nicht mehr zu ertragen vermochte, in weh=
mütiger Erinnerung nachgeweint haben.

Das Schickſal ihrer beiden Muhmen, der ledigen Töchter Georg
Laubbachs Helene und Adelheide, iſt nicht näher bekannt, da die Rats=
protokolle aus den Jahren 1603 und 1604, in welchen jedenfalls
die Entſcheidung gefallen, verloren gegangen. Aller Wahrſcheinlichkeit
nach hat die ſtürmiſche und gehäſſige Verfolgungswut der Silberrad
und der Stehlin einen tiefen Unmut in dieſer Angelegenheit beim Rat
vorgerufen, wodurch die Verfolgten gerettet worden ſein mögen. Jeden=
falls iſt Helene dem Tode entgangen, denn im Mai 1605 ſchwebt
in Speyer zwiſchen dem Rate von Offenburg und dem Prälaten von
Altdorf, zu welchem Helene gegangen war, ein Prozeß, „wegen Helene
Laubbach angefangener Rechtfertigung," den man auf Vorſchlag des
Prälaten beidſeitig fallen läßt.

Die Jahre 1603 und 1604 haben jedoch offenbar ihre Opfer ver=
langt. Aus einem nach Ortenberg geſandten Auszuge erfahren wir, daß
am 20. Juni zwei Weiber in Offenburg verbrannt wurden, deren Sinn
ſchon auf die feineren Lebensgenüſſe gerichtet ſein mußte. Die erſte,
Hans Bluethards Frau, machte auf einer Geiß vornehm eine
Baderetſe mit ihrem Buhlen in den Baldreit nach Baden und zechte,
nachdem ſie vorerſt mit einem Bade ſich erquickt, recht vergnüglich in
einem Keller. Die andere aber, Barbara Hirn, Wittb des
Michel Rabalph, ritt mit ihrem Geſpann auf einem Stecken in
die Offenburger Pfalz, wo viele Genoſſen ſich ſammelten. Sie ſauſten
dann zuſammen nach Zabern, wo ſie ihrem Schwager aus der Speiſe=
kammer Gebratenes und einen gelben Rehſchlegel nahmen, um damit
wieder zurück auf die Pfalz zu fahren. Nach der Ausführung einer
hübſchen Runde ging es zu den 7 Linden, wo noch heiter gebechert
und getanzt wurde. Auch die Frau des Hans König, gegen welche

schon am 25. November 1601 der heftige Kaspar Silberrad vom Schultheißen ein Verhaftsbefehl wegen Fluchtverdächtigkeit verlangte und Hans Ruprecht am 5. Dezember als Kläger wegen ihrer Zauberei im Rate auftrat, muß in diesen Jahren ihren Verfolgern erlegen sein, da Hans König noch im März 1607 eine Milderung der Kosten für Exekution seiner Frau einkommt, ohne daß in den Protokollen 1602 und 1605—1607 von ihr die Rede ist.

In den Jahren 1605 und 1606 ruhet das Feuer auf dem Richtplatz, nur einzelne Kriminaluntersuchungen wollten immer wieder den Weg der Hexenverfolgung betreten.

Den ersten Anlaß zum Wiederausbruche gab ein Gesuch des Wolf Fehr vom 13. Juni 1608, mit seiner Frau zu seinem Schwiegersohne Notar Baldauf nach Straßburg ziehen zu dürfen. Der Rat wollte das Gesuch „aus erheblichen Gründen" erst in Bedacht ziehen und fragte bei Rechtsgelehrten um Verhaltungsmaßregeln an, da Frau Fehr vielfach als Hexe angegeben war. Graf v. Sulz, Präsident des Kammergerichts in Speyer, meinte, obgleich die Frau Fehr nicht wegen Schadens angeklagt und nach allen Aussagen einen braven Lebenswandel geführt habe, so sollte man doch nach Rat der Rechtsgelehrten gegen sie vorgehen, denn der Teufel könne auch die Gestalt eines Gerechten annehmen! Das merkten sich Meine Herren, welche aus Furcht vor neuen Unruhen im Falle der Unbehinderung der Maria Fehr, geborene Linderin, diese Beratung nötig erachtet hatten, recht gut. So oft nun Wolf Fehr sein Gesuch um Erlassung des Bürgereides und Erteilung des Abschieds nachsuchte, ward er hinausgezögert, bis man in den ersten Tagen des Juli seine Frau ins Gefängnis bringen ließ. Fehr verlangte Mitteilung der Anklage, oder wenn man von Obrigkeit wegen einschreite, Einhalten rechtmäßigen Verfahrens. Der Magistrat antwortete, daß er von Obrigkeit wegen und vorschriftsgemäß handle und dieses Mal nicht ohne Rat von Rechtsgelehrten. Fehr ging an das Kammergericht und verlangte Freilassung der Frau gegen Bürgschaftsleistung. Sie hatte aber in dieser Zeit schon Geständnisse abgelegt und besonders auf Anna, Michel Gütle Hausfrau ausgesagt. Am 10. Juli 1608 wurde diese eingezogen und machte besonders Anna Keller in der Elenden Herberg als Genossin namhaft, welche, einmal eingezogen, die

Weidenwirtin Christina Eckhard der Teilnahme zeiht. Die letztere
wird den beiden vorigen gegenübergestellt. Trotz ihrer standhaften
Beteuerung der Unschuld wird sie getürmt und peinlich befragt und
schon am 8. August sind die drei so geständig, daß sie zum Feuertod verurteilt werden können. Ihres Alters und ihrer Leibesgebrechlichkeit
wegen wurden sie zur Hinrichtung mit dem Schwerte und Verbrennung
der Leichname begnadigt.

Am 18. August nahm man die Fischerin Maria Betzler fest,
welcher schon am 27. April 1601 Hans Götz, der Verlobte ihrer
Tochter mit böser Vorbedeutung sagte, er habe geglaubt, Meine Herren
hätten die Hexen alle verbrannt, es sei dem aber nicht so, sonst hätten
sie die Betzlerin mit den beiden Töchtern längst auf den Scheiterhaufen
setzen müssen.

Am 25. August wurde der Sohn der Betzler, welchen die
eigene Mutter der Blutschande mit ihr und der Hexerei bezüchtigt, so
wie Sabina, die Ehfrau des Peter Probst und die Tochter der
Weidenwirtin, welche „nach Aussage des Kirchherrn" von ihrer
Mutter ebenfalls der Hexerei beschuldigt worden, in Haft genommen.

Am 12. September 1608 stirbt die Betzlerin, welche ihre
Anklagen dem Sohne in das Gesicht aufrecht erhalten hatte, den
Feuertod, während ihr Sohn mit dem Schwerte hingerichtet und als
Leiche verbrannt wird.

Die Eßluft kommt während der Mahlzeit. In dieser blutigen
Thätigkeit sieht der Rat sich gierig nach neuer Beute um. Am
1. Oktober beschließt er aus den Verzichten der angegebenen Hexen
einen Auszug zu machen, damit man, „wo man befugt zu sein meint,
mit diesem bösen schädlichen Volke weiter prozediere."

Am 6. Oktober wird Maria Linderin (Frau Fehr) mit der
am 29. August eingezogenen Wittb Fiebler und der am 6. September in Untersuchung genommenen Ottilia, Frau des Wilh. Ott,
welche beide erst nach wiederholter Tortur und verschärfter Befragung
endlich Geständnisse abgelegt hatten, mit dem Schwerte hingerichtet und
ihre Leichen verbrannt.

Am 10. Oktober erleidet die Wittwe des Hans Koch dasselbe
Schicksal.

Am 20. Oktober verfallen dem Schwerte und Feuer Anna,

Adam Gözen's Frau, geb. Roth und Ursula, Frau des Claus Braun wie auch Apollonia, des Bäckers Haug Ehfrau, nachdem sie anfangs Oktober besonders auf Angaben der Wittb Fiedler einge- türmt worden waren.

Länger schwankte das Los der Frau Michel Dietrich, gegen welche die Frau Reichlin als Anklägerin auftrat. Diese hatte auf dem Markte Mus von ihr gekauft. Sie mit Mann und Kind erkrankten davon. Sie verlangte daher, daß die Verkäuferin, welche ohnehin schon im Rufe der Hexerei stehe, in Untersuchung genommen werde. Diese wurde am 8. Oktober auch sofort verhaftet. Es ließen sich aber die Anklagepunkte nicht genugsam feststellen. Am 17. Januar 1609 klagten bitter ihr Mann und ihr Schwiegersohn, Thomas Rein- wald von Niederschopfheim, über die lange Haft und deren Unkosten. Man müßte doch jetzt ein Urteil fällen können. Wenn sie schuldig, solle man mit der Exekution vorfahren, ist sie schuldfrei, solle man ihr die Freiheit geben. Jedenfalls möge man ihnen den Besuch gestatten. Das erste wurde in Bedacht gezogen, der Zutritt verweigert. Unter- dessen suchte man die Frau durch die Tortur zum Geständnisse zu bringen, aber sie blieb auf ihrer Unschuld. Sie wurde daher am 6. Februar gegen die Bürgschaft der beiden Männer, daß sie sich dem Gericht nicht entziehe, aus dem Gefängnisse entlassen.

Ein hartnäckiger Kampf zwischen Liebe und Tücke entspann sich um das Geschick der Maria Anna Hofmann, Ehfrau des Eber- hard Pabst. Um bei der Verhaftung der Matrone am 15. Oktober 1608 das Aufsehen zu meiden, beredete man ihren Gatten, sie unter einem Vorwande selbst vor Gericht zu bringen. Bestürzt erklärte Pabst, den Grund der Anklage nicht begreifen zu können. Es falle ihm dieser Gang unendlich schwer, denn die ganze Ehe hindurch habe er von seiner lieben Frau nur Ehre und Treue gesehen. Am 23. Januar 1609 bittet er, seiner gefangenen Frau, welche mit anderthalb Maß Wein nicht genug habe, noch eine Maß zwischen den Imbissen zu gestatten. Der Rat findet dieses nicht unbillig, doch ging es auf Pabstens Kosten. Ein weiteres Gesuch geht dahin, seine Gattin, welche er guter Hoffnung glaube, durch eine verständige Frau unter- suchen zu lassen und man möge ihm jedenfalles seine Ehfrau nach Hause geben, wenigstens ihm den Zutritt gestatten, da er sie ferner

nicht so trostlos zu lassen gesonnen sei. Der Rat schlug das Gesuch
ab und Pabst wandte sich an das Kaiserliche Kammergericht. Alle
wiederholten Bitten des treuen Ehegatten wurden vom hartherzigen
Rate abgeschlagen und die sein gesaitete Frau blieb in der rohen Gesellschaft der Turmwächter. Der Magistrat bekam allmählich Bedenken
und zog im September Rechtsgelehrte in Freiburg zu Rat, deren
Meinung dahin ging, daß die Gefangene, welche nichts Unlauteres
gethan hätte, auf Urphede und unter Bürgschaft für Zahlung der
Kosten (330 fl.) zu entlassen wäre, wenn auch einige Angaben gegen
sie vorlägen. Der Magistrat besorgte, eine Entlassung könnte ihm
beschwerlich fallen, da die Sache in Speyer anhängig und überdies
die Kosten eine bedeutende Höhe erreicht hätten. Er verzögerte trotz
alles Drängens von Seite des Prokurators Seyblin in Speyer die
Entscheidung durch Rückhalten seiner Erklärungen, wofür er den Tod
des bisherigen Stadtschreibers Verschi als Entschuldigungsgrund an-
führte. Endlich am 13. Januar 1610 kam ein Urteil des Kaiserl.
Kammergerichts, daß man der Frau Pabst die Schuldanzeichen mit-
teilen, rechtliche Verteidigung und freien Ab- und Zugang nach Notdurft gestatten und mit derselben nicht anders als ordentlicher Weise
verfahren soll. Den zugangsberechtigten Konsulenten Dr. Rosa
begleiteten der Schultheiß und vier Stettmeister zur Gefangenen, dem
Manne wird der Besuch unter grämlicher Auslegung des Zusatzes
„aus Notdurft" verweigert. Im März 1610 reichte Pabst wiederholt die Bitte ein, man möchte seine Frau ihm nach Hause geben, da
sie schwer krank. Der Rat zog vor, ihr Wasser an Dr. Heidenreich
in Straßburg zu senden, welcher dasselbe bedenklich fand, aber wegen
eigener Kränklichkeit einen geforderten Krankenbesuch abschlug. Am
3. August durfte Pabst sein armes Weib besuchen, das in seiner
Krankheit jede Hilfe abwies, welche nicht ihr Mann zuvor gutgeheißen
hatte. Am 9. August beriet man im Malefizgerichte „wie man etwas
bei ihr finde". Jetzt zog man Kundschaft ein und genehmigte am
27. August die Anklagepunkte, welche von den Stettmeistern, so den
Verhören beigewohnt, insbesondere von H. Megerer zusammengestellt
waren. Den Mann selbst türmte man, weil er sich bitter äußerte,
ein und entließ ihn am 11. Septbr. wieder. Auf Anordnung des
Arztes gestattete man, daß er seiner Frau bessere Speisen und guten

Wein verschaffen durfte. Am 23. Febr. 1611 berichtete der Schultheiß den Edeln Ehrenfesten Fürsichtigen und Weisen Herren Meistern und Räten, daß man die Frau Pabstin in das Irrenhaus zu schicken habe und es richtete sich nunmehr ihre ganze Sorge auf den Einzug der Kosten. Im April starb das schwer geprüfte Weib und im Februar 1612 zog man die Kosten und Steuern aus der Gant der Pabstischen Familie ein — und der Rat war beruhigt.

Von jetzt an muß die hastige Verfolgung wieder etwas Atem schöpfen und ruhet, obgleich den Privatklagen der Vorwurf der Hexerei stets auf der Zunge liegt. So benutzt die Frau des Elias Hahn, Tochter des Schreiners Simon Albrecht von Straßburg, die Anklage der Hexerei gegen ihren Mann zur Unterstützung der Scheidungsklage. Bald wird eine Frau beschuldigt, Nachts im Zimmer von Jemanden erschienen oder einer Kuh die Milch genommen zu haben, bald wirft die eine Keiferin der andern außer den Schimpfreden Zaß, Lumpen= sack, Lottel namentlich vor, daß sie ein Hexenkind und selbst eine Hexe sei, welche gut leben habe, da sie der Teufel durch die Lüfte spazieren fahre und mit dem Sackpfeifle dazu aufspiele. Eine eigentliche Klage wird jedoch nur noch gegen die Frau Hans Hauf angestrengt, aber auch abgewiesen. Mit neuer furchtbarer Stärke bricht die Verfolgung erst gegen Ende des dritten Jahrzehntes wieder hervor.

Der gewaltige Völkerkampf, welcher unser Vaterland durchtobte, warf indeß je bei Zeiten seinen Schatten über die schützenden Mauern in die sorgenvolle Stadt.

## 2.  Vom Jahr 1625 bis 1631.

————

Nach der langen Ruhe wetterleuchtet der Gedanke der Hexenverfolgung plötzlich wieder von Ortenberg her.  Am 15. April 1626
wird im erlittenen Rate ein am 3ten verfaßtes Schreiben des Landvogts
verlesen, worin um Vernehmung des Kirchherrn gebeten wird, „ob
nicht ein Vermummter vor dem heiligen Sakramente phantastiziert
habe."  Der Kirchherr berichtet wiederholt, daß er die Angaben des
Landvogts nicht bestätigt finde, da alle seine Nachforschungen ergebnislos
geblieben seien. Diese Enttäuschung hat die Ortenberger Richter kaum
verblüfft und nicht zur Niederlegung des Brandscheites bestimmt.

Am 6. November 1627 geben die Ortenauischen Beamten dem
stillen Rate Bericht über die Aussagen ihrer Verbrecherinnen und
das Offenburger Gericht beginnt nun seine schauerliche Thätigkeit
wieder.

Sofort wurde Katharine Brem, Frau des David Holbermann,
nach Beschluß des Schultheißen und der 4 regierenden Stettmeister
eingezogen.  Ihr Leugnen zwang schon andern Tages (8. November)
den belittenen Rat zur Anordnung der „schärfsten" Tortur.  Auch
diese blieb erfolglos und der stille Rat ersuchte daher den Kirchherrn,
der störrigen Frau zuzusprechen und Altargebete (collecta) einzulegen.
Auf solche Dinge setzte aber Meister Mathis kein großes Vertrauen,
sondern forderte fernere Steine und andere zur Tortur nötigen Sachen,

welche ihm auch sofort gewährt wurden. Der Kirchherr vermochte
in der That Nichts und auch die Richter sannen auf andere Mittel,
um dieselben glänzenden Erfolge ihrer Untersuchung zu erreichen, wie
die Landvögtischen. Daher beschlossen sie im stillen Rate, daß Hacker
ihnen ebenfalls einen Stuhl für die Hexen mache, wie einer in Ortenberg war. Eine am 19. d. Mts. durch den Meister von Windschläg
von 11—12 Uhr vorgenommene Folter führte jedoch ohne Stuhl
zum gehofften Ziele: Frau Holbermann bekannte.

Mit der Frau Holbermann durch die Ortenberger und dann von
dieser selbst wurden die Cleophe Betzlerin nebst Anna Maria,
des Glasers Hans Spenglers Hausfrau, als Unholden bezeichnet.

Die erste, Wittib des Hans Götz, bekannte auf dem Küttelturm
sofort, daß sie bereits 28 Jahre hier eine Hexe sei. Sie kannte von
früher die Tortur, denn sie, wie die Frau Spengler, stunden schon
unter derselben Anklage vor Gericht. Am 7. Oktober 1622 wurde
sie nämlich von Diebold Rap beschuldigt, daß sie ihm 16 Jahre
vorher, als sie Wein schenkte, eine halbe Maß Wein aus einer Kanne
gegoßen habe. Ihm und seiner Frau sei es ganz seltsam davon
geworden und sein Weib sei 3 Monate irrsinnig geblieben. Die
Angeklagte wurde damals in Haft genommen, sofort in Beisein des
Nachrichters peinlich befragt, am 12ten wiederholt „mit aller Muße"
verhört, und am 14ten nochmals zwischen 11 und 12 Uhr „mäßig"
torquirt. Die milde Tortur hatte nur die letze Folge, daß des Wächters
Hausfrau der Gefangenen das Essen eingeben mußte „weil sie die
Arme nicht mehr gebrauchen konnte." Ein Geständnis erfolgte aber
nicht. Das Gericht vernahm nun den Ehemann Hans Götz, welcher
seiner Frau ehrenvolles Zeugnis ablegte. Er wisse recht gut, daß
seine Frau wahrscheinlich wegen ihrer Mutter — welche am 12 Septbr.
1608 verbrannt worden — in Geschrei gewesen. Niemals jedoch
habe er etwas Verdächtiges an ihr oder von ihr bemerkt. Auch von
dem unglücklichen Trunke habe er Kenntnis, aber kein Verständnis.
Er wollte, daß er nie Wein geschenkt hätte. Der Rat beschloß darauf,
ihm seine Frau wieder in das Haus zu geben, doch müsse er dafür
einstehen, daß sie keinen flüchtigen Fuß setze. Die Angeschuldigte selbst
wurde aus dem Turme entlassen, nachdem sie dem Schultheißen und
den Stettmeistern in die Hand geschworen, die Gefangenschaft nicht

zu rechnen und sich nicht zu äußern, sondern auf Erfordern wieder zu stellen. Jetzt löste sie ihr Wort und ergab sich, schon hochbejahrt, willig ihrem vorher beschlossenen Geschicke.

Die andere Mitgefangene, Frau Anna Maria Spengler wurde ebenfalls schon früher — am 30. September 1622 — wegen Hexerei vor Gericht gestellt. Die Frau des jungen „Lebkuchers" Müller im Steinweg hatte vorgebracht, daß letzten Donnerstag Nachts ein Getöse in ihrem Hause gewesen und sie zweimal geglaubt habe, es wäre etwas auf ihr Bett gefallen, wovon sie erwacht sei. Beängstigt habe sie den Mann geweckt, welcher, als die Fenster etwas zitterten, dem Mädchen befahl nachzusehen, was es sei. Dieses habe durch das Stubenthürfensterchen geschaut und gemeldet, des Glasers Spengler Frau sei im Gang, sie hätte einen Pelz an und des Gesellen Thür stände auf. Ihr Mann wollte auch sehen, aber das Mädchen habe berichtet, daß die Spenglerin schon wieder über den Bach gegangen. Daß der Donner und Hagel die Alte verschlagen möge, was denn die hier zu thun habe, fluchte Müller hinter ihr nach. Vor Gericht gerufen, giebt aber das Mädchen, Katharina Eckhard, an, daß sie, von Müller geweckt, gesehen habe, daß ein Weib, mit dem Pelz umhängt, in das Gässel gegangen und dann über das Bächle im Steinweg gesprungen sei. Als nun Frau Spengler vor den Richtern befragt wurde, was sie letzten Donnerstag Nachts mit Müllers Gesellen zu thun gehabt, gab sie unwillig zur Antwort, sie sei nicht dort gewesen und sei es der Fall, so will sie es in Gottes Namen gewesen sein! Da man weiter in sie brang, was sie bei dem Burschen gemacht, erwiderte sie nochmals, sie sei es nicht gewesen, und was es sie geheye (angehe) — sie sei ja nicht alleine! Man türmte sie ein und berief den Ehemann. Dieser gab an, daß an jenem Tage seine Frau eine Wasche gehabt und er sie deshalb Morgens gegen 3 Uhr geweckt habe. Nachdem sie den Pelz umgeworfen, sei sie gegangen, um in dem Bächle Wasser zu holen. Sie wäre gleich wieder zurück gewesen. Auf dieses hin wurde die Glaser Anna gegen Revers ihrer Haft entlassen. Wenn sich damals Frau Spengler offenbar widerstandslos der Verurteilung ergeben wollte, jetzt — auf die Anzeigen der Orten= berger verhört — bedurfte sie zweimaliger Tortur, um zu einem Geständnis gebracht zu werden.

Am 29. November sollten den 3 Frauen ihre Geständnisse nochmals zur Anerkennung vorgelesen werden, um auf den 1. Dezember
das Urteil zu ermöglichen, doch schon am 27. November hatte der
stille Rat verordnet, „daß man außem Wolffsgässel Holz zum Hoch-
gericht führen möge".

Am 1. Dezember 1627 werden im belttenen Rate die Geständnisse
der Katharine Brehm (Holdermann), sowie der Cleophea
Betzlerin (Götz) und Anna Maria, des Glasers Spengler
Hausfrau, vorgelesen und nach Anhörung der Aussagen lautet das
Erkenntnis: „Weil sie bekandtlich Zauberinen, Gott und alle Heiligen
verleugnet, Menschen, Vieh und den lieben Früchten schaden zugefügt,
ist die Urthell, daß sie alle brey vermöge der rechten lebendig sollen
verbrendt, doch uff ihr selig Fürbitt mit dem Schwert vom leben zum
tot hingericht und folgends der körper verbrendt werden. Der entlich
peinlich rechtstag künftig Freitag zur execution angesetzt, das ihnen
heut soll notifiziert werden und des lebes abgekendt".

Frau Holdermann hatte schon am 29. November Bestimmungen
über ihr Vermögen zu Gunsten des Sohns und der Enkel auf den
Fall der Wiederverehlichung ihres Mannes getroffen. Nach Anhörung
des Urteils vermachte sie noch dem Wächter einen Sefter Frucht, dem
Lipps Jung Zeug zu einem Wams und 30 Gulden der Kirche, damit
sie am Katharinentage die Zinsen davon an Arme gebe. Die Frau
Spengler empfiehlt treuen Herzens Mann und Kind dem Wohlwollen
der Stadt.

Am 3. Dezember wurden die drei Frauen mit einander
hingerichtet.

Wie den 3 Weibern, so wurden auch dem Simon Haller die
Ortenberger zum Verderben. Er war aus Rammersweier und versuchte am 26. Mai 1610 zum erstenmale die Seßhaftigkeit in Offenburg, indem er „wegen unnützer Reden" in der damaligen gefahrvollen
Zeit eingetürmt, aber auf Versprechen, sich wieder zu stellen, bald
entlassen wurde. Am 30. Juni 1625 zog er aus Rammersweier
(Romansweier, Rembschweier) nach Offenburg, wo er das Haus des
Hans Rudolf Metzinger gemietet hatte, und bat um bürgerliche Ver-
tröstung, welche ihm versagt wurde. Im Oktober erst fand er auf
sein Vorbringen, daß er nur ein einziges Kind und ein Vermögen

von 2000 Gulden habe, Aufnahme als Bürger. Als in Ortenberg
am 29. Oktober 1627 Hexen verbrannt wurden, hörte er als Zu-
schauer beim Ablesen der Vergichten auch sich selbst und des David
Holdermanns Hausfrau als Unholde angegeben. Er kam darüber
in die höchste Aufregung und drohte den Amtmann zu erschießen.
Andern Tags fingen ihn die Ortenberger mit bewaffneter Macht ab.
Der Magistrat forderte alsbald Aufklärung über die Verhaftung Hallers
und Angabe der Offenburger Einwohner, welche dort als Hexen angegeben. Das Antwortschreiben hatte die schon gemeldete Verhaftung
der Frau Holdermann zur Folge. Wegen Hallers hatte man sich an
einen Rechtsgelehrten, Doktor Westermeier, gewandt, welcher den Rat
gab, zur Ausgleichung den nächsten besten Ortenauer abzufangen und
ebenfalls einzusetzen. Der Magistrat zog aber doch vor, ihn nach
Unterhandlung mit den Ortenauischen Beamten am 8. Nov. auf einen
Revers der Stadt hin ausliefern zu lassen. Bewaffnete begleiteten ihn
bis an Bannstein, wo sie den Gefangenen der städtischen Mannschaft
übergaben. Dafür erhielten die Musketiere eine halbe Ohm Wein
und Zehrung in Zell, was der Schultheiß nebst den Atzungskosten
Hallers aus der Lohnkasse im Betrage von 4 ℔ 8 ß 10 ₰ berichtigen
ließ. Der stille Rat aber erkannte, daß der Herr Schultheiß, weil er
für sich ohne Vorwissen Ehrenbaren Rats die Zahlung angeordnet,
inner 3 Tagen die betreffende Summe aus seinem Sacke dem Lohne
zu ersetzen habe. „und solches zur Manutention der Freiheiten des
Ehrbaren Rats.“ Simon wurde indeß in das Blockhaus am Küttelturm gesetzt. Vorerst wollte man abwarten, ob der Bruder, von
dem er angegeben worden, auf seinen Bekenntnissen beharre. Am
12. wurde er zum ersten Male gütlich und peinlich verhört und am
13. vom Meister Mathis, der seine verlangten fernern Steine und
Vorrichtungen erhalten hatte, torquirt. Nach überstandener Pein
beklagte er sich bitter, daß es so kalt sei und daß er sich nicht decken
und keinen Arm mehr rühren könne. Er begehrte eine warme Stube.
Wenn aber jetzt Manche so gerne als Hexenmeister erscheinen, falls
es nur Jemand glaubte, unter keiner Bedingung wollte Haller etwas
sein, wofür ihn die Andern doch so gerne halten mochten. Nach weiteren gütlichen Examen ward er am 15. Nov. in ein Stübchen des
Milbterturms gebracht und ihm ein Wächter beigegeben. Auf seine

Klage, daß so viel für ihn an Unkoften aufgehe und er gerne alleine essen und das Fleisch selbst schneiden möchte, wurde er am 24. Nov. in das Blockhaus zurückverbracht. Man hatte die Verhöre mit ihm einstellen zu dürfen vermeint, da wurde er in Ortenberg auf das Neue als Hexenmeister angegeben und daher am 4. Dez. wieder peinlich befragt, ohne daß er irgend ein Bekenntnis ablegte. Durch sein Leugnen fühlte sich der Rat zur Unterhandlung mit dem Ortenauischen Amtmann über die Gestattung einer Gegenüberstellung Hallers und seiner Anklägerin veranlaßt. Bald darauf wurde er nach Ortenberg geführt. Die Tochter des dortigen Boten, Christian Laubach, sagte ihm da frei und offen unter das Gesicht, daß er allerdings bei ihrer Hexenhochzeit am Laubenlindle mit des Vetters Neßels Tochter getanzt habe. Sie sehe ihn jetzt noch in seinen grauen Hosen, mit schwarzem Leible und schwarzem Hut. Ihre Seele wolle sie nicht beschweren, das heilige Sakrament darauf empfangen und darauf sterben. Sie thue ihm durchaus nicht Unrecht, er sei eben ein Hexenmeister. Dagegen stellte Haller seine Teilnahme an ihrer Hochzeit völlig in Abrede, er sei so wenig ein Hexenmeister wie der Nagel in der Bank dort. Er warnte sie davor, ihre Seele in die Hölle zu senden, denn alle, welche auf solche Aussage über ihn sterben oder gestorben, seien des Teufels. Auf den Bericht über diese Gegenüberstellung beschloß der belittene Rat am 10. Dezember, daß Haller desselbigen Tages mit aller Schärfe befragt werden soll. Meister Mathis scheint sein Amt auch kräftig versehen zu haben, denn andern Tags berichtet der Wächter Hans Adolf, daß Simon Haller gestreckt im Gefängnis liege und ihm der Atem so heftig aus und eingehe, daß er gar nicht wisse, was mit ihm sei. Der Rat sandte den Meister Mathis, daß er den Gefangenen, sofern er nochmals zu sich käme, wieder auf den Milbterturm verbringe. Als der stille Rat die Mitteilung über Hallers Wiederherstellung erhielt, beschloß er Einstellung der Verhöre, bis neue Angaben gemacht würden. Schon am 16. Dezember traf ein neuer Auszug aus dem Ortenberger Hexenprotokoll ein, worin Haller wieder als Unhold bezeichnet wurde. Der Rat befahl nun, daß Haller, da doch alle Tortur fruchtlos gewesen, sofort im Stübchen auf dem Schwabenhauser Bollwerke in den von Hacker nach Ortenberger Muster verfertigten Stuhl gesetzt werden soll. Als der Arme bis 7 Uhr

Abends darin ausgehalten, erklärte er bekennen zu wollen. Die Stettmeister kamen nun zwischen 8 und 9 Uhr zu ihm und er erzählte, wie er zum Hexenmeister geworden. Am 17. verhörte man ihn noch einmal mit dem Bedeuten, daß er im Falle des Leugnens wieder in Stuhl gesetzt werde. Am 20. Dez. bittet Haller den belittenen Rat, er möchte ihn doch noch über die Weihnachtsfeiertage liegen lassen. Die Versammlung aber verfügte, daß man auch ihm wie den übrigen verurteilungsreifen Unholden noch selbigen Tages seine Malefizrechte halten und im Falle der Zurücknahme der Geständnisse ihn auf das Neue in den Stuhl setzen sollte.

Der Ehrbare Rat hatte mit Simon Haller Eile, denn es war zu seiner Hinrichtung ein günstiger Augenblick, weil noch drei im Verlauf des Dezembers eingezogene Frauen, der Hexerei geständig, gerade jetzt ihr Urteil erhalten sollten. Es waren diese Lucia Linder, geb. Sator, Witwe des Herrn Georg Linder; Christine, Frau des Küblers Häußler, „welche allgemein als Hexe verschreit" und Maria, Caspar Geringer, des Hafner's Frau.

Sie alle wurden von Ortenbergern angegeben und gestunden nach kurzem peinlichen Verhöre.

Am 20. Dezember wurde ihnen, wie dem Simon Haller, das Malefizgericht gehalten und alle vier, da sie bei den Geständnissen blieben, verurteilt, daß sie zuerst mit dem Schwerte vom Leben zum Tode gerichtet und nachher ihre Häupter und Körper zu Staub und Asche verbrannt werden sollen. Haller sollte zuletzt enthauptet werden.

Stettmeister Philipp Beck erbat sich in der Ratsversammlung, das Holz zum Hexenbrennen zu geben. Am 29. Aug. 1629 legte man seine eigene Frau auf den brennenden Schetterhaufen!

Am 24. Dezember erlitten Haller und die drei Frauen den Tod durchs Schwert, und Feuer zerstörte ihre Leichen.

Am 9. Nov. 1627, also fast gleichzeitig mit Haller, wurde die Ehefrau des Hans Schlininger, eine geb. Ursula Ott, aber immer unter dem Namen des ersten Mannes die Widerstetterin geheißen, „weil sie sowohl jetzt von 4 Ortenbergischen als auch hiebevor vermöge alten Protokolls unterschiedlich Mal angegeben," für eine Zauberin eingezogen und Abends 5 Uhr durch 6 Männer auf den Känerturm getragen. Schlininger erhielt gleichzeitig den Auftrag, keine seiner

Töchter aus der Stadt zu lassen. Die Gefangene, wohl die Tochter
der am 6. Okt. 1608 verbrannten Frau Ottilie Ott, war die Witwe
des 1607 von den Constofflern zum Rat, 1611 zum Spitalmeister
und 1615 zum Schultheißen erwählten Kilian Widerstetter, den 1618
der Tod ereilt hatte. Die Witwe muß verhaßt und verdächtig gewesen
sein. Aus einem Ehrenkränkungsprozesse (Nov. 1621) ersieht man,
daß Vit Müller der Frau absichtlich einen solchen Stoß versetzte, daß
ihr der Korb, den sie in der Hand trug, weit in die Straße flog.
Als sie den rohen Menschen zur Rede stellte, antwortete er: „Was
frag ich denn nach Ihrem Vogte, der Küttelturm muß sich auf-
sperren! Trotz der 5 ℔ Strafe erkennt man doch daraus, daß
die Witwe schon damals den späteren Verfolgungen als Opfer bezeichnet
wurde. Ein schlimmes Licht auf Frau Widerstetter und ihren zweiten
Mann Schlininger wirft eine Untersuchung aus dem Januar 1624.
Einer ihrer Knechte war Abends noch auf dem Feld und lag morgens
nach lautem Jammern tot im Bette. Das Gerücht beschuldigte
Schlininger, den Knecht getreten, aus dem Bett gezogen und ihm jeden
Wunsch nach Trost abgeschlagen zu haben. Es ergab die Nachforschung, daß der Knecht trotz allen Beschwerden und Klagen wegen
eines kranken Beines zur Arbeit gezwungen wurde und bei der Rückkehr Abends krank sich gleich zu Bette legte. Er war in voller
Fieberphantasie und jammerte, daß ihn die Nachbarn hörten. Die
Frau Schlininger machte ihm aber teilnahmlos den Vorwurf, er habe
nicht so wehe, stelle sich nur so und treibe Schelmerei und verderbe ihr
nur das Bett. „Nachts zwischen 11 und 12 Uhr habe der Knecht,"
wie die Zeugen angaben, „sich übel gehoben und das Pferd im Stalle
schrecklich getobt. Man wisse nicht, ob Teufelsgespenst bei ihm
gewesen." Hans Schlininger wurde um 1 ℔ gestraft und hatte die
Leichenkosten zu zahlen. Man wird demnach sich nicht erstaunen,
wenn die Ortenberger, auf der Folter um ihre Genossen befragt, auf
die Widerstetterin und ihre Töchter verfielen und so des Boten
Beuerlin Frau angeben konnte, daß sie bei hundert Ausfahrten gewesen
sei und immer dabei die Widerstetterinnen gesehen habe. Der Rat
ordnete auch nach ihrer Gefangennahme alsbald auf nächsten Morgen
sieben Uhr dem Meister Mathis ein Befragen mit Schärfe an. Trotz
Fingerschrauben blieb sie auf der Behauptung ihrer Unschuld. Indem

5

einige Zeichen befürchten ließen, daß sie guter Hoffnung sei und zwar
die Hebamme der Frau an den Augen ansah, daß es nicht wahr,
der Apotheker jedoch und Doktor Acker in Straßburg, welcher aus
dem Wasser seine Urteile schöpfte, sich sehr zweifelhaft aussprachen, so
wandte man erst am 30. Dezbr. die Tortur an und widerholte sie,
weil die Angeklagte keine Hexe sein wollte, gleich andern Tages. Da
sie jetzt ein Bekenntnis ablegte, so ließ man am 3. Jan. 1628 die
Tortur nochmals zur Bestätigung der Aussagen ausführen, wobei
aber die Frau Schlininger ihre früheren Zugeständnisse wiederrief.
Man setzte sie daher in den Hacker schen Stuhl, worauf sie nach
einer halben Viertelstunde die Geständnisse wieder ablegte. Damit sie
nun vollends mit der Sprache heraus sollte, setzte man sie am 5. Jan.
nochmals auf den Stuhl und nun „hat sie erst recht bekannt, daß
sie eine Hexe sei." Als man ihr dann am 11. die Geständnisse
nochmals vorlas und den Stuhl in Aussicht stellte, sofern sie
nicht geständig sein wolle, anerkannte sie die Wahrheit ihrer
Aussagen und konnte ihr am 12. Jan. mit vier andern Genossinnen
das Malefizgericht gehalten werden.

Wenn auch das Geschick der frühern Schultheißin sicherlich keinen
bedeutenden Eindruck bei den Bürgern machte, so war dagegen die
Verurteilung der Frau Stettmeister Megerer gewiß nicht ohne
Einfluß auf die Weiterentwicklung der Anschauungen über die Hexen=
frage in unserer Stadt. Weil von 5 Personen angegeben, wurde
Frau Stettmeister Megerer am 4. Januar 1628 eingezogen und
desselben Tages noch peinlich befragt, was andern Morgens, weil sie
nicht geständig worden, wiederholt wurde. Sie bekannte und nach
alsbaldigem peinlichem Examen zur Bestätigung blieb sie ihren Aus=
sagen treu, so daß sie am 12. Januar mit der Widerstetterin das
Todesurteil erhalten konnte. Ihr Mann war ein trefflicher, kenntnis-
voller, dem Gemeinwohl ergebener, für Ordnung und Recht rücksichtslos
einstehender, thatkräftiger, nur manchmal zu heftiger Bürger. Im
Mai 1594 zog er von Gengenbach nach Offenburg, wo er sich die
Behausung des Stettmeisters Hieronymus Lew um 1200 Gulden
erkauft hatte. Er verheiratete sich mit der Tochter der Frau Ursula
Düringer und kam schon 1600 in einen gehässigen Prozeß mit seinem
Schwager Wilhelm Ott bezüglich der Testamentsvollstreckung beim

Tode der Schwiegermutter. Auch gegen den andern Schwäger Weyb, der die Verlassenschaft des Schwagers Hans Heinrich Lew 8 Jahre ohne Rechnungsablage verwaltete, trat er klagend auf. Obgleich er auch den Schultheißen Stemmler, Stettmeister Sorger und Andere als Testamentsvollstrecker der Witwe Georg Heß heftig angegriffen, ernannte man ihn doch am 14. Januar 1605 zum Ziegelmeister an Stelle des abgesetzten Christoph Wöller. Im jungen Rate sitzend brachte er im Juli 1607 die Frage zur Sprache, ob nicht nach alter Ordnung und nach Satzung des Markgrafen von Baden der jüngere, von den Zünften zu ernennende Rat aus 24 statt 12 Mitgliedern bestehen sollte und legte dieses und andere Bedenken dem vollen Rate an das Herz. Es hielt der alte und der jüngere Rat besondere Besprechungen und der letztere stellte 24 Punkte auf, welche Megerer in dessen Namen vortrug. Man beschloß die Beschwernisse noch nicht vor Bürgerschaft und Zünfte zu bringen. Gleichzeitig wird Megerer beauftragt der Büchsenschützengesellschaft, welche in bedenklichen Zerfall geraten, eine neue Schützenordnung zu verfassen. Ebenso legte er in dem bedrohlichen Jahre 1610 im März eine neue Wachtordnung vor, welche jeden Bürger — Junker und Constoffler wie andere — zu persönlichem Dienste verpflichtete, zur Genehmigung vor, so wie bald darauf eine Sturmordnung. Als im Mai desselben Jahres dem Herrn Johann Müller, Rat des Erzherzogs Leopold Bischofs von Straßburg, der alte Rat einen kleinen Almendwinkel an dessen Haus zum Überbauen abtrat, griff er ihn lebhaft an, weil er ohne Zustimmung des ganzen Rats durchaus nicht das Recht habe, städtisches Gut zu veräußern, wenn es auch nur ein unsauberer Winkel sei. Erst nach Intercession des Erzherzogs und der Zusage, daß, wie das Almend einen Schaden leide, der Vertrag aufgelöst werden soll, beruhigte er sich. Als Rat Müller später Megerer traf, fuhr er diesen zornig an, was er denn in diese Angelegenheit zu sprechen und die Bürger aufzuregen habe, dadurch geschehe Sr. Durchlaucht, seinem gnädigsten Herrn, Mißachtung! Megerer antwortete kurz, daß der Bischof hier Nichts zu gebieten habe und machte Anzeige beim stillen Rate, der außer der Bestrafung dem Herrn Rat Müller die Belehrung zukommen ließ, daß er nur bei Ehrbarem Rate Recht zu suchen habe. Im Januar 1611 griff Megerer den alten Rat auf das Neue an, weil er ihn

von der Durchsicht der Rechnung des Spitalherrn Schnele ausge-
schlossen, obgleich er als regierender Stettmeister volles Recht dazu
habe. Da Schnele unredlich gehandelt, so wolle er nicht ferner neben
ihm als Ratsherr sitzen. Man sah sich gezwungen nach Megerers
Forderung Kassensturz und Aufnahme der Naturalien anzuordnen.
Megerer brachte Zeugen, daß Schnele aus 2 Almosenlaib 3 machen
ließ, für Mahlkosten immer 4 Gulden auf das Viertel berechnete,
während sie nur 3 Gulden 7 Kr. betrugen und daß er viel Früchte
und Weine veräußerte, deren Erlös nicht ganz verrechnet ist. Dem
eifrigen Ankläger ging es nicht rasch genug und er verbreitete Schriften
über die Schnele'sche Angelegenheit, obgleich der Rat Geheimhaltung
befohlen. Er beschuldigte den Rat, die Schuld mit einem Pinsel
überfahren zu wollen und kam alles Gebotes ungeachtet nicht mehr
in Rat. Die Versammlung legte ihm am 4. Mai „in Anbetracht, daß
er sich um der Stadt Wohl kümmert und in Kriegszeiten Wacht-
meisteramt versehen" eine Strafe von 5 ₰ auf. Am 6. Mai mußten
neue Zwölfer ernannt werden und der volle Rat wählte an die
Stelle des Junker Georg Burkhard von Schauenburg den eben gemaß-
regelten Megerer. Die ernannten Zwölfer wählten den Rat Johann
Kilian Widerstetter zum Spitalmeister und mußte dieser gleich andern
Tags seine Stelle antreten. Bei seiner Einführung ließ sich Schnele
als abwesend entschuldigen und gab dann als Grund seiner Entfernung
an, „daß er Sr. Durchlaucht, dem Bischofe von Straßburg, nichts
von seinen Rechten vergeben wollte". Man erklärte ihm dieses für
eine unbegründete Sorge, da der Bischof hier nicht zu richten habe.
Man kann sich wohl vorstellen, welchen Haß diese Vorgänge in der
Schnele'schen Familie gegen Herrn Megerer vorrufen mußten. Seiner
Stellung enthoben, in Ruf und Ansehen erschüttert, zur Verteidigung
ohnmächtig, suchte Schnele seinen Groll auf jede Weise geltend zu
machen. Seine feste Haltung hatte er vollständig verloren. Er machte
vor dem sitzenden Rate einen Fußfall und ließ Megerer durch den
Syndikus um Nachsicht und Verzeihung bitten, zwang aber daneben
den Gegner doch durch Schmähungen zur Ehrenkränkungsklage. Es
wurde beiden bei 50 ₰ Strafe Ruhe geboten. Desohngeachtet fiel
Schnele am Armbrustrain den Stettmeister mit Schimpfworten, als
„Dieb" und „Schelm", an und stellte sich ihm überall in den Weg und

Nachts kam er mit seinem Sohne scheltend und lärmend vor Megerers
Haus. Dieser zeigte dem Rate an, daß er bei Wiederholung von
der Wehr Gebrauch machen werde und verlangte die Bestrafung. Die
auferlegten 50 ₰ bat der Verurteilte Schnele um Gottes Willen von
ihm wieder abzunehmen, aber umsonst. Bei der Verhandlung selbst
— am 20. Juli 1611 — hatte er sich krank gemeldet. Aber noch
im Februar 1614 giebt Schnele eine Schmähschrift gegen Megerer
heraus. Als er um 10 ₰ mit dem Bemerken bestraft wurde, daß
er im Wiederholungsfalle der Stadt verwiesen würde, bat er die
Zwölfer dieses zu verschweigen, da er es im Unverstande gethan!
Auch die andern Feinde lassen den geachteten aber gehaßten Stettmeister
nicht in Ruhe. Jakob Weib, Rat der Schneiderzunft, hatte wohl den
früheren Prozeß nicht vergessen und sagte bei der Hochzeit des jungen
Däbinger, wo Frau Megerer auch als Gast zugegen „sie möge im
Testamente ihrem Manne nicht mehr als 2000 Gulden vermachen.
Sie hätte besser gethan einen Mann ihres Gleichen zu nehmen, als
so einen welschen Stiefelschmierer und welschen Hundsfott und Schelmen.
Sie sei schon alt und er zeige sich noch jungen Weibern Freund.“
Lienhard Stehlin, der später wegen Raubs auf dem Schafotte stirbt,
nennt Megerer einen entlaufenen Soldaten und der junge Martin
Stehlin droht ihn zu erdolchen. Der Rat Jeremias Blankenbach wirft
ihm dagegen welsche Abkunft vor. Es ist dieses unbegründet, denn
Megerer ist wohl bei Thiengen zu Hause, aber es geht aus den Reden
hervor, daß er vor der Ankunft in Offenburg Kriegsdienst in Italien
oder Frankreich gethan haben muß. Wie die Artigkeit gegen die
jungen Frauen besaß er von dort auch gute Kenntnis der Weine,
wenigstens war er dauernd Weinschätzer der Stadt. Doch lärmenden
Gelagen war er abhold. Als daher im Juli 1620 die drei Herren
Räte und Bäckermeister Blankenbach, Baber und Hauser betrunken in
der Sonne lärmten und jauchzten, wies er als regierender Stett=
meister sie zu Ruhe und, als sie nicht gehorsamten, rief er Bürger
auf, die drei Ratsherrn in den Turm zu führen. Wenn nun auch die
3 Räte um 5 ₰ bestraft wurden, weil ein Ratsherr wenigstens des
Beispiels wegen nicht lärmen und jauchzen soll, so glaubte der Magistrat
doch, Megerer habe die drei Ratsgenossen zu scharf behandelt und
strafte ihn daher auch um 3 ₰. Megerer legt sofort sein Amt nieder,

will die Schlüssel abgeben und verläßt den Ratsaal. Man mußte
ihn wieder zu beschwichtigen. Als man Ende des Jahres 1621 und
noch Anfangs 1622 das Anrücken Mansfeldischen Volkes fürchtete,
wurde er wieder Fähnrich, dem man die Hauptsorge der städtischen
Verteidigung anvertraute. Da er sich bei der Zucht, welche er unter
die verlotterte Truppe bringen wollte, zu Schlägen hinreißen ließ, so
verbot man ihm dieses und gab ihm auf, jede Eintürmung vorerst
dem Hauptmann Wormbser anzuzeigen. Er bat nun um Enthebung
und glaubte, man solle dem Hauptmann einen Leutenant beigeben.
Die Soldaten verlangten aber bringend, man solle ihnen Megerer als
obersten Wachtmeister lassen, was ihn auch zum Bleiben bewog. Im
Jahr 1627 stund er wieder einer Bewegung der Zünfte zur Änderung
einiger Punkte der städtischen Verfassnng als Rater und Leiter bei.
Nach allen den bezeichneten Vorgängen ist allerdings vorauszusetzen,
daß er in der Behörde und der Bürgerschaft manche Gegner zählte.
Als nun am 14. Januar 1628 seine Frau als Unholbin verbrannt
wurde und er am 17ten die Wachen leiten mußte, so blieb er erbittert
trotz aller Ladungen aus den Sitzungen weg, denn wenn er auch
selbst 1612 seine Magd beschuldigte, seiner Kuh durch Schlag mit
einem Gertchen auf das Euter die Milch genommen zu haben, und
wenn er auch selbst als Stettmeister manchmal die Folter bei den
angeschuldigten Frauen leitete, jetzt für die Verurteilung seines eigenen
Weibes konnte er keinen Grund außer Haß und Groll der Richter
finden. Er übergab Verzicht auf Rats= und bürgerliche Rechte. Man
wolle es in Bedacht nehmen, lautete die Antwort, er habe aber bei
10 ℔ Strafe alsbald die Herenkosten abzutragen. Seine Entsagung
auf die Spitalpflegerei, Schlüssel und Inventar nahm man an (1. März),
der Verzicht auf Rats= und Bürgerpflicht blieb noch unentschieden.
Man bot ihm ferner zu den Sitzungen, Megerer antwortete mit Wieder=
holung seines Entlassungsgesuchs. Dem Rate wird zugleich berichtet, daß
Megerer sich äußere, es seien ihm drei Wunden geschlagen worden:
Die eine mit dem Schicksale seiner Frau, die zweite mit dem Kosten=
zettel und die dritte habe Peter Hohenecker beigebracht. Er wolle nicht
mehr in Offenburg verbleiben. Im Rate möchte er nimmer sitzen,
weil man mit Spital=, armer Leuten und der Kirche Gütern übel
verfahre und die Vogtkinder schlecht bedenke. All die Kosten, welche

die jetzige Einquartierung vorrufe, sollen diejenigen bezahlen, welche die Aufnahme der kaiserlichen Truppen verweigert haben. Die Herren hätten geglaubt, Ihrer Hochfürstlichen Durchlaucht eine wächserne Nase zu drehen, wenn sie dem Oberstleutnanten einen Becher mit Reichs= thalern verehren. Man könne solches schon thun, es ginge nicht aus eigenem Sacke, sondern dem der Bürger. Der Rat beschloß, daß Herrn Megerer der Ausgang aus der Stadt oder Verbringung seiner Sachen aus den Mauern untersagt sei und er sich persönlich zu verantworten habe. Zugleich giebt man ihm den Oberstleutenant Graf von Fürstenberg in das Quartier. Megerer reicht auf die obigen Beschuldigungen am 28. April eine Verantwortung ein. Im Juni wird ihm endlich erlaubt, die Stadt wieder zu verlassen gegen das Versprechen, nichts zu vertragen und jederzeit auf Erfordern sich zu stellen. Im August (1628) begehrt er zu seiner Hochzeit 2 Dutzend Tischbecher, da der Rat jedem gewesenen Zwölfer oder deren Kindern zur Hochzeit Silbergeschirr, Kutsche und Tanzlokal lieh. Diesesmal schlug aber der Rat das Gesuch ab und beschloß, daß Keiner des Rats ihm beistehe. Am 12. Januar 1629 verliest man im Rate die oben berührten Vergehen Megerers, straft ihn um 100 ℔ und ladet ihn persönlich. Er sendet den Rechtsgelehrten Nagel und wird daher um 5 ℔ gestraft und wieder bei Strafe von 10 ℔ vorgeladen. Am 29. Januar erscheint er, bittet Abschrift, zeigt sofort Appellation an und weigert den jetzt geforderten Abzugseid. Da er die Strafen nicht bezahlt, wird er in den Känerturm gesetzt und erst nach Zahlung der 105 ℔ und dem Reverse, das Gefängnis nicht rechnen zu wollen, wieder entlassen. Da nach Ansicht des Rats Herr Megerer in seiner Rekursschrift nach Speier neue Beleidigungen ausgesprochen hat, so wird er wieder um 50 ℔ bestraft, die er gleich bezahlt und nur bittet, ihn endlich den Abzugseid schwören und aus der Stadt ziehen zu lassen. Er verbleibt eingebannt. Am 18. Februar 1630 stirbt er. Glück für ihn, denn schon züngelte ungeahnt die Flamme des Scheiter= haufens an ihm hinauf, indem ihn bereits die Hexen der Ortenau als Genossen angaben.

Gleichzeitig mit der Frau Wiberstetter und Frau Stettmeister Megerer stunden unter gleicher Anklage Maria, des Hans Scheutlin Tochter, welche, von Frau Holbermann und Betzler und 3 Orten=

bergern als Unholdin angegeben, zur Ersparung von Kosten zu den Wächtern auf das Neuthor gesetzt worden, ferner **Christoph Kast's Frau** welche im Stübchen auf dem Schwabhäuser Turm gepeinigt wurde und die Frau des **Hans Ernst**, welche im Milterturm die Verhöre bestehen mußte.

Am 11. Januar las man allen ihre Geständnisse mit dem Beifügen vor, daß sie im Falle der Zurücknahme auf das Neue die Tortur erleiden müßten. Es blieben alle geständig.

Am 12. Januar 1628 wurden die Malefizgerichte gehalten und **am Freitag den 14ten die fünf Frauen mit dem Schwerte gerichtet und ihre Leichname verbrannt.**

Schon im Jahr 1627 hatte Frau **Beuerlin** in Ortenberg mit der **Widerstetterin** auch deren beide ältesten Töchter, sowie der **Weibin** dicke große Tochter **Ursula** in rotem Rock und schwarzer Schürze als Teilnehmerinnen an hundert Hexenfahrten genannt. Am 24. Mai 1628 wird Herr **Blankenbach** als Vogt der Töchter des seligen **Widerstetter** in die Kanzlei geladen, weil über deren Haushalt allerlei gesprochen werde. Man forderte zugleich, der richtigen Spur folgend, von Ortenberg einen Auszug der Hexenprotokolle. Hier waren in der That **Barbara** und **Anna Maria Widerstetter**, sowie **Ursula Weib** wieder einmal angegeben. Sie wurden eingezogen. **Blankenbach** fragt nun an, was mit den **zwei jüngsten Kindern Widerstetters** geschehen soll, da deren Stiefvater **Schlininger** sie nicht ferner behalten wolle, „weil sich Niemand mehr ihrer annehme." Um leidliches Kostgeld wolle er das Kleinste nehmen. Sie mußten von der Behörde aus untergebracht werden. Die 3 gefangenen Mädchen, von denen **Barbara** auch Messen lesen ließ, gestunden in den peinlichen Verhören bald ihre Schuld. Über die Pfingstfeiertage in Ruhe gelassen, blieben sie noch am 13. Juni bei ihren Bekenntnissen, so daß am 14. Juni der belittene Rat als Malefizgericht sie „wegen ihrer gütlichen und peinlichen Bekenntnissen, der Vermischung mit dem bösen Geiste, Verleugnung Gottes und aller Heiligen auch Vermählung mit dem bösen Geiste und des abscheulichen Lasters der Hexerei" zum Tode durch das Schwert und nachgehender Verbrennung verurteilen konnte. Die Hinrichtung sollte am Freitag den 16ten stattfinden. Als der belittene Rat an diesem Tage zusammenberufen worden, berichtete der Schultheiß, daß die beiden Widerstetter die Beichte abgelegt und willig in den Tod gehen wollten, die Ursula Weid aber die Beichte verweigert habe und jetzt ihre Unschuld behaupte. Der Rat beschloß darauf, den beiden geständigen Mädchen mitzuteilen „daß die Ursel heut nit mit kann". Bei dieser Eröffnung baten die armen Schwestern „um Gottes Willen, man wolle auch mit ihnen einhalten, bis die Ursel auch mit kann, sie wollen nit sterben ohne die Ursel . . . Allein will sie sonst gern sterben und bei ihren und auf ihren Bekenntnissen beharren." Man verschob wirklich die Hinrichtung und ordnete neues Verhör der Weid an. Sie ergab sich und bestätigte „bei Vermeidung der höllischen Pein" die Wahrheit ihrer Geständnisse.

Die 3 Mädchen wurden daher am 19. Juni 1628 mit einander hingerichtet und verbrannt.

Vor deren Hinrichtung wird am 16. Juni als neu Angeklagte Frau Drittenbach und dann am 23. Juni die lange Weidin, Wittwe des Kaspar Weid und Mutter der soeben verbrannten Ursula Weid, sowie die Meßner Treutel, Wittwe des Jakob Kayser, als Unholdinen eingezogen. In den mehrmaligen Peinigungen gestehen sie bald, man läßt sie aber bis auf weiteren Bescheid im Turme. Man hatte eben noch weitere Frauen in Sicht. Am 27. Juni werden nämlich die Frau des Stettmeisters Philipp Baur und Magdalena, die Frau des welschen Franz, in Kerker verbracht und gefoltert. Die Frau Stettmeister widerstand der Qual nicht lang und blieb auch bei der Folter, welche man zur Bestätigung ihrer Aussagen vornahm, auf ihrem Geständnisse bestehen. Die welsch Magdalen jedoch trotzte der wiederholten Tortur und die Richter setzten sie daher am 30. Juni jedenfalls von morgens 11 Uhr an in den Hackerstuhl, welcher immer beim Aufhören des Richterverstandes die Untersuchung zu glänzendem Ergebnisse führte. Das Protokoll vom folgenden Tage lautet nun:

Samstag, 1. Juli. Im stillen Rate.

„Nächten nach 11 Uhr ist des Welschen Magdalen auf dem Stuhl urplötzlich verstorben und unangesehen man sie zuvor stark zur Bekenntniß ermahnt, ist sie aber allzeit auf ihrer Unschuld beharrt. Die hat man auch nach 12 Uhren nochmals stark ermahnt aber vergebens und hat auch zuvor, ehe man sie darauf gesetzt, die lang Weibin gesagt: „Ei, ei! was denkt doch die Magdlen, daß sie sich nicht ergeben will und ist also!" und hat Herrn Stettmeister Philipp Baurs Frau noch gestrigen Tags (angegeben), daß die Bekanntnisse, die sie auf die Magdalen gethan, die Wahrheit sei.

Erkannt — daß man sie unter den Galgen begrabe."

Den übrigen Gefangenen wurde am 5 Juli das Malefizgericht gehalten und die Ausführung des Urteils auf Freitag den 7ten festgesetzt. Dabei sollen die Bekenntnisse und auch ihre Aussagen über die welsche Magdalen, aber nicht die Mitteilungen der Frau Baur über ihren Sohn und ebenso wenig die Angaben der Witwe Weid über ihren Mann vorgelesen werden. Des Meßners Treutel nahm zwar am 6ten ihre Aussagen wieder zurück, wurde aber durch die Tortur zu festem Geständnisse gebracht, so daß alle 4 Frauen am Freitag den 7. Juli 1628 enthauptet und verbrannt werden konnten.

In der Sitzung vom 10. Juli vermeint der Rat, daß man mit Einziehung der Weiber nun etwas einhalten möge.

Der erst hart betroffene Stettmeister Philipp Baur sah sich bald darauf gezwungen wegen schwerer Beschuldigung seiner Tochter gegen den Maler Hans Ulrich Schwartz klagend vor dem belittenen Rate aufzutreten. Dieser hatte sich gegen das Dienstmädchen des Herrn Franz Bohrer geäußert, wie sein Herr so verblendet sein könne, des Philipp Baur's Tochter Ursula ehlichen zu wollen, da sie doch eine Hexe wäre und ihm die Gänse getötet hätte. Baur verlangt dem Beklagten Widerruf oder Stillschweigen aufzuerlegen. Dieser bat um Verschiebung der Verhandlung auf nächste Sitzung, was ihm gewährt wurde. In der folgenden Versammlung des belittenen Rates am 16. Oktober wiederholte Baur Anklag und Antrag. Maler Schwartz erwiderte, zugehört zu haben, wie ein Gengenbacher Conventuale Bohrers Diener fragte, wann sein Herr Hochzeit habe und dazu bemerkte, Herr Bohrer dauere ihn, da Baurs Tochter für eine Hexe gelte, wie diese sich dessen selbst beklagt habe. Ursula habe ja bei der Hinrichtung der zwei Wiberstetter und der Ursula Weid selbst darüber gejammert, daß sie von den drei Mädchen angegeben worden. Er bittet ihn zu Gnaden zu bedenken und der Rat beschloß, die Sache für dieses Mal in Betracht zu ziehen.

Baur schien sich allmählich beruhigt gefühlt zu haben, denn am

10. November bittet er den Rat um das Silbergeschirr zu seiner Tochter Hochzeit, was dieser ihm auf seine Gefahr bewilligte, um am 17. November seine Tochter gefangen nehmen zu lassen und sogleich peinlich zu verhören und am 18. die Folter bei ihr zu wiederholen. Sie bekannte, Gott und die Heiligen verleugnet zu haben. Die Richter hätten gern weiter gefoltert, aber das eingetretene Unwohlsein, welches von Meister Mathis beaugenscheint werden mußte, veranlaßte sie, ihr Werk auszusetzen. Im nächsten, am 24. Nov. vorgenommenen Verhöre genehmigte sie die früheren Aussagen, welche sie in der neuen Tortur als Wahrheit bestätigte.

Den 18. November wird Gertrud, Frau des Stettmeister Weselin, eingezogen und gütlich und peinlich befragt, wobei ihr Mann, welchem die Leitung der Untersuchung zugefallen wäre, durch Stett= meister Däbinger ersetzt wurde. „Sie ergiebt sich ganz gutwillig und bekennt ihre Schuld". Durch die Tortur giebt sie Bestätigung ihrer Aussagen und „erklärt sich ganz willig darauf zu sterben."

Am 20. November fing man Anna, Michel Meyer's Haus= frau, ein. Erstlich gesteht sie nichts. Bei weitern peinlichen Be= fragungen bekennt sie die Verleugnung Gottes. Nach ihrer Hexen= hochzeit fuhr sie, wie ihre Angabe weiter lautet, mit ihrem Buhlen auf einem weißen Stabe nach Zunsweier. Vor etwa 10 Jahren im duftigsten Frühling kochte sie Blüten, um die Bäume zu verderben, was aber nicht gelang, weil eine Hexe aus Rammersweier den Hafen umschüttete. Das Brigittle von dorten war auch dabei. Vor drei= viertel Jahren tanzte sie mit ihrem Buhlen noch heiter auf dem Lau= benlindle.

Den 25. November ereilte die alte Anna, weiland Hans Hauff's Witwe, das finstere Geschick, dem sie in verständigeren Tagen entronnen. Im Mai 1616 hatte Philipp Benedikts Knabe öffentlich in der Schule gesagt, die alte Hauffin sei eine Hexe und könne ein Fäßchen voll Raupen machen. Er habe es von der Mutter gehört. Die Frau Hauff klagte gegen diese. Der vorgerufene Junge gab an, alle die anderen Buben erzählten, daß die Hauffin Flöhe und Raupen machen aber nicht färben könnte. Nachts könnte sie vor dem bösen Feinde nicht schlafen. In des Predigers Fundelius Hause hätten 3 Tische voll Hexen gebechert und seien zur Hauffin 2 Rappen

in Turm gekommen. Sie hätte ein Herenmal auf dem Rücken und
ließe die Enkelin nicht beten. Der Rat steckte vorerst beide Weiber
auf das Thor. Andern Tags giebt dann Benedikts Frau an, die
Haussin habe sie eine malzige Batz gescholten, worauf sie selbige Here
geheißen. Sie könne aber keine Hererei angeben, als daß ihr Mann
vor 8 Tagen Vögel gesehen, ob denen er erschrecken mußte, und es
habe sich ihm etwas Nachts im Gemache gezeigt. Die Frau des
Andreas Hauff habe ihr überdies gedroht, das Messer im Leibe umzu-
drehen, weil sie deren Schwiegermutter der Hererei geziehen habe.
Der Rat erkennt kurzweg, beide Weiber seien entlassen, weil ihre
ganze Geschichte „eitel Lumpenwerk“ sei. Diese günstige Zeit war
jetzt vorüber. Die gute Alte blieb zwar beim ersten peinlichen Verhör standhaft, aber beide folgende Tage frisch gefoltert ergab sie sich,
so daß sie am 29. November mit den übrigen das Urteil erhalten
konnte.

Alle 4 Weiber wurden an diesem Tage wegen Verläugnung
Gottes, fleischlicher Vermischung mit dem bösen Geiste, Verderbens
von Leut, Vieh und lieben Früchten und verübter Zauberei und Hererei
halber verurteilt und am 1. Dezember 1628 nach der Enthauptung dem Scheiterhaufen übergeben.

Der Tod der bräutlichen Tochter, welche während der Gefangenschaft dem Verlobten das Hochzeitsgut zurücksenden mußte, ging dem
Stettmeister Baur sehr nahe. Er war seit 1617, wo ihn die Karcher-
zunft wählte, Ratsmitglied. Wenn auch Bernhard Berger ihm stichelnd
vorwirft, er sei auch im Rat immer der Bauer, wenn es deren nicht
noch mehr darin gebe, so scheint das doch nicht richtig. Er wird vom
Rate vielfach als Hauptmann beim Jahrmarkt, als Wachtmeister bei
Verteidigungsmaßregeln der Stadt und in andrer Weise verwandt.
Im Jahre 1619 bekam er mit dem Prediger Fundelius, der des verstorbenen Kirchherrn Rapp Stelle vertrat, wegen der Kirchstühle, welche
die Stadt erst hübsch zum Aufklappen hatte verfertigen lassen, ärgerlichen Streit. Der Geistliche verpachtete die Sitze gegen Geld.
Darauf warf ihm Baur vor, daß man Deschenweiber seiner Frau
vorzög und wenn das weiter geschähe, schlüge er den Stuhl mit der
Axt auf. Mit heiligem Eifer predige man, wie Oswald sagte, in
der Kirche viel gegen Wucher, aber treibe ihn selbst mit Kirchensitzen.

Dagegen meinte der Prediger, die Stadt hätte kein Recht über seine Person noch über die Stühle. Der Rat ließ den Geistlichen vorladen, welcher sich dahin äußerte, daß er Bauern gesagt habe, Anordnungen ständen ihm dort im Rathause zu, nicht in der Kirche. Es sei auch nicht richtig, daß er einem alten Weibe die Absolution verweigert habe, weil sie den Kirchenplatz nicht gekauft, sondern weil sie gesagt habe, ehe sie einen Kirchensitz zahle, solle sie der Teufel holen! Dieser Streit mit andern Vorfällen gab eine Mißstimmung, die zuletzt in dem Weg= zuge des Predigers die Lösung fand. Auf die Anklagen der Frau und Tochter Baurs hatte er jedoch keinen nachweislichen Einfluß. Der am 11. Dezember 1628 im Rate eingelaufene Verzicht Baurs auf seine Ratsherrnstelle mit der Erklärung, daß man ihm seine Tochter nur zum Spotte eingezogen und gerichtet habe, muß seine Spitze gegen die Kollegen als solche gerichtet haben. Etwas hartschlägig beschloß der Rat die Sache einstweilen beruhen zu lassen und dem Herrn Baur zuzusprechen, „solches nicht allzu hoch aufzunehmen." Nach Weihnachten bot man Herrn Baur, wie wenn nichts vorgefallen wäre, in die Sitzung. Beim Beginn des neuen Jahres wiederholte dieser sein „aus Trübseligkeit" entsprungenes Gesuch um Entlassung mit dem Bemerken, daß es nicht aus Trotz sondern „aus großem Kummer und Herzeleid geschehe" und er stelle es dem Entschlusse des Rates anheim. Seine anderweiten Äußerungen stimmten nicht mit diesem ergebenen Tone. Zu Herrn Abel äußerte er: „Der Donner und der Hagel möge ihn zerschlagen, wenn er noch mehr den Schnecken (im Rathause) hinaufgehe!" Gleichzeitig berichtet Heldt, daß er sich über die Unkosten bitter beschwert habe. Die Stettmeister hätten doch jährlich 30 Gulden und sollten den armen Bürgern nicht noch solche Auslagen verursachen. Gegen Herrn Schmalz äußerte er sich, kein Mensch und kein Engel vom Himmel könnte es ihm ausreden, daß die Hinrichtung seiner Frau und Tochter ihm nur zum Spotte geschehen. Wenn man ihn selbst auf den Platz geführt und seinen Kopf abge= schlagen, es wäre für ihn kein größerer Schimpf gewesen. Ging er wieder in den Rat, so wolle er, daß ihn das höllische Feuer ver= schlinge!

Man nahm Baur wegen dieser Schmach=, Schelt= und Fluch= worte in Untersuchung, welche jedoch zu keinem Ziele führte. Daher

bot man ihm wieder in Rat und forderte ihn zu nochmaliger Erklä=
rung auf. Am 22. Januar legte er abermals dar, wie seine Ent=
sagung nur aus Kümmernis und Trübsal geschehen, bat um Verzeihung
— und blieb. Am 29. November erhielt er als Rat den Tanzplatz
zur Hochzeit seines Sohnes.

Indessen waren am 4. Dezember 1628 Barbara, des Hans
Scheuttlin Frau und Mutter der hingerichteten Maria, so wie die
Witwe des Georg Fink und am 8. Dezember Barbara Wurz,
des Andreas Gerhard Frau, und Maria, Hans Beuerlins Tochter,
weil sie der Hexerei bezichtigt und die Mehrzahl Stimmen gegen sich
hatten, eingezogen worden. Sie gestanden alle bald ihre Vergehen.
Maria Bäuerlin hatte erst vor einem Jahre — 3 Wochen nach der
Ortenberger Kirchweih — bei der Offenburger Zimmerhütten glänzende
Herenhochzeit gehabt, wobei Margarethe, des Michel Ulrichs Tochter
aus Zell, in blauer Juppe und rotem Plögenrock und des Jakob
Fuchs Frau aus Fessenbach in Schürze, Pelz und Bauernhütle mit=
getanzt. Die vier Gefangenen werden am 13. Dezember verurteilt
und am Freitag, den 15. Dezbr. 1628 hingerichtet.

Jakob Linder, der verbrannten Lucia Sator Sohn und
Schwiegersohn des Stettmeisters Kaspar Hag, eröffnet am 18. Dezbr.
die weitere Reihe der Gefangenen, da er der Hexerei halber ganz
verschrieen, auch allbereits die meisten Anzeichen gegen sich hat und
fluchtverdächtig ist. Er wird sogleich peinlich verhört, der Kirchherr
mit seinen geistlichen Mitteln zu Hilfe gerufen, und sofort in Orten=
berg angefragt, ob ihn denn Niemand dort angegeben habe. Die
Antwort lautete, daß man über Jakob Linder eigentlich nichts zu
berichten hätte. „Nun ist gleichwohl nicht ohne, daß viele der hin=
gerichteten Weiber ganz deutlich bekannt, es habe sie ein Mann in
schwarzem Bart, Jakob genannt, mit dem Teufel zusammengegeben,
dieweil er sich aber jeweils mit einem schwarzen Tuch über den Kopf
verhüllet und bedeckt gehalten, wäre er niemals von ihnen erkannt
worden." Am 23. berichtet Stettmeister Hag im Namen seiner Tochter,
der Frau des Linder, daß sie durch die großen Kosten, welche die
Gefangenschaft ihres Mannes verursache, sehr beschwert sei. Sie
fürchte, es wegen der bevorstehenden Feiertage noch mehr zu werden
und bitte daher schon wegen der kleinen Kinder um Einsehen. Aus

Teilnahme für die Frau beschloß der Rat, den Gefangenen auf das Neuthor zu den Wächtern zu verbringen und gab der Frau in ihrer Not auf gutes Unterpfand 50 ℔ Darlehen aus dem Hospitalfonde. Bei Linder selbst half alle Schärfe der Tortur nichts. Als er aber erfuhr, daß seine Frau eben im Gutleuthause eine Messe für ihn lesen ließe, da fing er laut an zu weinen und zu jammern. Man stellte die Tortur ein und beließ ihn im Gefängnisse. Unter dieser Zeit wurden Frauen eingezogen, wovon die Frau Beuerlin angiebt, Linder zwei Mal bei Herenzusammenkünften gesehen zu haben. Am 21. Jan. wird er ihr gegenüber gestellt, zeiht aber das Weib der vollsten Un= wahrheit. Man brachte ihn nun in das Schwabhäuser Stüblin, wo er auch am 25. ohne Erfolg gefoltert wird. Am 26. setzte man ihn daher auf den Hackerschen Stuhl und gab „gut Sorge auf das Feuer und Schnüren" und der Herenmeister war entlarvt. Er wurde sofort am 27. und am 29. Januar wieder gepeinigt, wußte aber weiter nichts mehr zu bekennen. Weil indessen die eingezogenen Frauen verbrannt worden, so ließ man ihn sitzen, bis sich ein Todeskamerad einfand.

Am 3. Januar hatte man Eva, des Mäders lange Tochter, weil sie als Here angegeben worden war, eingefangen. Nach erfolg= losem peinlichen Examen ließ man sie aber am 16. Februar wieder zu ihrem Vater. Dagegen wurden Nabler Anna, Wittib des Jakob Schem, Hans Waltenburg's Frau und die Frau des Hans Beuerlin am 24. Januar 1629 nach kurzer Haft auf die Richtstätte geführt.

Am 29. Januar sah sich Hans Roß, Michels Sohn, eingetürmt und zu baldigem Geständnisse gebracht, so daß er Jakob Linder am 16. Febr. als Schicksalsgefährte auf seinem Todesgange begleiten konnte. Sie mußten nach besonderem Beschlusse gleich aus dem Thore in aller Frühe hinaus auf den Richtplatz geführt werden, die Bürger in der Stadt bleiben und nur der Schultheiß mitreiten. Das Pfalzmehl war ebenfalls eingestellt.

Den 4. Mai werden Anna, des Georg Fink's Tochter, Anna Fritsch, Frau des Mühlhaus, welche schon am 12. Jan. verhaftet werden sollte, aber, schwer krank, erst am 20. April in das Gefängnis verbracht werden konnte und sofort sich als Here bekannte, so wie die

Hebamme, Frau des Michel Roß, Mutter des ebengenannten Hans und der im Dezember 1627 verbrannten Frau Spengler, auf die gewöhnliche Art gerichtet, „aber der Hebamme mußten zuvor mit glühender Zange zwei Griffe gegeben werden, der eine vor dem neuen Thor, der andere vor dem Gutleuthaus am Kreuzwege."

Wie von Rachegeistern getrieben, eilt Thomas Wittich seinem Verderben entgegen. Am 20. April 1629 belangt er vor dem belitteten Rate den Ruprecht Silberrad, weil er sich gegen ihn geäußert, „er sei Zauberei halber bei Maniglichem in großem Verdacht und ihm von Linder ein guter Stoß geworden" und bat „Kehr und Wandel (Zurücknahme) mit Abtrag Kostens oder an sein (Silberrads) Stell einen Andern (Gewährsmann) zu benambsen." Zugleich beschwert er sich, der Schreiber des Ortenau'schen Sekretärs habe ihm letzten Montag auf seine Anrede gesagt, wenn er ihm raten dürfe, solle er für Tausend Teufel hinwegziehen, denn, wenn er ihm etwas gäbe, wollte er ihm weisen, daß er vielfältig von verbrannten Weibern angegeben sei. Die Verhandlung mit Silberrad verlegte man auf nächste Sitzung, nach Ortenberg sandte man sofort Rat Soler zur Nachforschung. Dieser brachte Bestätigung der Unterredung und einen Auszug aus dem dortigen Hexenprotokolle mit, worin Thomas Wittich neben andern als Hexenmeister genannt war. Darauf erkannte man den 21. April, daß Thomas, weil er drei Mal für gewiß und zwei Mal vermeintlich beschuldigt, sofort wie Andere auch in den Turm getragen werden soll. Wittich ist offenbar ein liebloser, jähzorniger, gehässiger Mensch. Schon als junger Mann wird er wegen Ehbruchs mit der Frau des Peter Felix getürmt. Sein Gesuch um Bürger= recht wird im Januar 1605 nur unter der Bedingung bewilligt, daß er seinen Vater, welchen er „sachlich" erzürnt habe, um Verzeihung und Bürgschaft für die 50 fl. Antrittsgeld bitte und bringe, widrigen= falls er andern Orts Unterkommen suchen möge. Erst nach Erfüllung dieser Auflage und nach geleistetem Eide, daß er katholisch ist, wird er in die Bürgerschaft aufgenommen. Später sehen wir ihn mitten in einer damals nicht so seltenen häuslichen Scene: der Vater Michel Wittich drückt seinem Sohne Hans so die Kehle zu, daß diesem das Blut den Hals heraufquillt. Thomas Wittich wirft indessen seiner Mutter das Beil nach und schleudert den Bruder Michel an den Wänden

herum. Das Gericht erkennt, daß Michel Wittich seine beiden jüngern
Söhne Hans und Michel zu ehrlicher Hantierung unterbringen und
ihnen väterliche Hilfe zu Teil werden lassen soll. Den beiden Söhnen
wird Achtung vor dem Vater empfohlen. Thomas der ältere Sohn
wird mit Haft und 3 ß Geld gestraft. Schon im nächsten Jahre
wurde Thomas wieder verurteilt, weil er seinen Bruder Michel auf
der Straße an den Zimmern (Zimmerplatz) zu Pferde angerannt, in
das Gesicht und fast ohnmächtig vom Gaule geschlagen. Im Jahre
1618 schießt er dem Rudolf Rhobt vorsätzlich ein Aug aus dem Kopfe.
Im Jahre 1624 verklagt ihn die ganze Bogenschützengesellschaft wegen
seiner Streitsüchtigkeit. Nachdem er jetzt wegen Hexerei eingezogen,
widerstand er mit stählerner Kraft der täglich wiederholten Tortur, so
daß man am 26. April damit einzuhalten beschloß, da man überdies
gern die Rückkehr des Stadtschreibers abwarten wollte. Mitte Mai
wurde er auf das Neue von Unholdinnen als Genosse bezeichnet und
daher auf das Schärffte gefoltert aber ohne Erfolg. Da nahm man
den Hackerschen Stuhl, welcher die Untersuchungsrichter immer unfehl=
bar zum Triumphe führte. Wittich fing gleich zu bekennen an (den
21. Mai). Man sagte ihm, daß nächsten Freitag andern Gefangenen
der Rechtstag gehalten werde und wenn er bis dahin fertig werden
könnte, so möchte er mitgehen, wo nicht müsse er sitzen bleiben
und wieder den Stuhl erleiden. Wittich beeilte sich und wurde
fertig.

Seine Schicksalsgenossinnen waren einmal des Konrad Voll=
mer's Frau, dann die Storzen Neß (Agnes), Frau des Rats=
sohnes und Musketenschützenmeisters Wolf Jung. Diese wurde schon
1610 von der Frau Nachbarin Letz als Münchshur, Mannsverderberin
und Hexe angeredet, welche schon vor 20 Jahren verbrannt gehört
hätte und dann höhnisch befragt, wann sie denn zum letzten Male
ausgefahren sei. War demnach die Frau nicht mehr jung, so will sie
doch erst vor 17 Jahren die Hexenhochzeit auf dem Armbrustschießhaus
gehalten haben. Als dritte erscheint Margaretha Schöpflin, des
Thomas Wachtel Hausfrau, welche vor 16 Jahren ihre Hochzeit auf
dem Angel und vor 8 Jahren die ihrer Tochter Magdalene auf dem
Niederangel gefeiert und vor 10 Jahren im Unterbännel das Eckerich
mit Besen tüchtig abgefegt hatte. Die letzte Begleiterin ist die Witwe

6

des Simon Nonnemann, welche schon 1616 wegen schlechten
Haushalts den Martin Baber zum Vogt erhielt und die ihren Weih=
nachtstanz an der Langenbrücke auch einmal etwas städtischer mit einer
großen Geige abhielt, wie auch Thomas Wittich vor 26 Jahren seine
Hexenhochzeit bei den sieben Linden nicht unter dem gewöhnlichen
Geschrille des bekannten Sackpfeifers, sondern unter dem zarten Klang
einer Leierspielerin feierte.

Am Freitag, den 25. Mai 1629 verurteilt, wurden die fünf
Montag, den 28. Mai, enthauptet und verbrannt.

Der Tag der Hinrichtung, welcher die Gefängnisse leerte, brachte
sofortigen Ersatz durch die Festnahme von 4 neu Angeklagten. Die
beiden Töchter der Margaretha, Magdalene und Katharine
Schöpflin, von denen die letzte vor anderthalb Jahren noch froh=
gemut bei den Lauten einer Leier und einer Sackpfeife an dem Lauben=
linble den Hochzeitsreigen tanzte, wurden von der eigenen Mutter
dem Richter bezeichnet und legten in den ersten Verhören ihre Bekennt=
nisse ab. Bei Bäckermeister Jakob Roser, welcher wohl bei den
Leiden eigener Fettleibigkeit vorahnend die Wichtigkeit der Vorschriften
der später allgemein anerkannten Bantingkur erfaßt und den Mit=
bürgern durch sehr leichtes Brod ziemlich die Stärkemehlnahrung ent=
zogen hatte, aber — vom Rate unverstanden — oft gestraft worden
war, bedurfte es schon des allbezwingenden Stuhls, um auch seine
Hexenstücklein zu erfahren. Im zweiten peinlichen Verhöre schon ging
dagegen Jeremias Huck, Sohn des sittenlosen Wirtes Jeremias
Huck, mit Bekenntnissen bei. Er war sonst nicht erschrocken. Den
Roman Göppert, bei dem er 1620 in Miete war, schlug er, als er
ihn einen verschuldeten Prachthansen nannte und ihm den Vater vor=
hielt, mit dem Axthelm im ganzen Hause herum und warf ihn die
Kellerstiege hinab. Er war ein leidenschaftlicher Spieler und gewann
so dem ungetreuen Spitalmeister Schnele in der Sonne an einem
Abend 130 Gulden ab. Vom Rate wurde er angehalten, den Ge=
winnst an die Schaffnei der Elenden Herberg abzugeben. Während
Schnele versprach, zeitlebens nicht mehr zu spielen, machte Huck dagegen
sich darüber lustig und meinte, er hätte nur für Schnele's Kinder und
die seinigen eine Pfründe in der Elenden Herberg erworben. Wenn
nur auch das Geld den armen Leuten zu gute käme, aber die Herren

feien es, welche die Zinsen in Trinkgelagen und Schmausereien auf=
gehen ließen. Die Narren könnten dann, wenn sie ordentlich gezecht,
das Maul nimmer halten und sagten es ihm selbst. Der Rat war
über diese Reden recht böse, gab ihm 3 Tage Turmstrafe und ließ ihn
sitzen, bis er 100 ß gebessert hatte. Im sehr gedrückten Jahre 1622
brachte Jeremias viel Schuhe in die Stadt und verkaufte sie wohl-
feiler als die Schuhmacher. Diese wurden äußerst aufgebracht und
Steffen Rabus, Lorenz Stuber, Hans Eisenhart und Peter Speicher
und Sohn lauerten ihm auf, überfielen und warfen ihn unter Lebens=
bedrohung zu Boden und schlugen seinen Kopf unter Fluchen auf
dem Boden herum, „er möge seine Schuhe am Galgen feil haben
oder ein Stückchen daneben, wo seine Mutter verbrannt und der Vater
erlöset worden." Überdies trat die ganze Schusterzunft vor dem Rate
klagend gegen ihn auf, weil er die Schau umgangen und seine Hand=
lung gegen die Zunftbriefe sei. Huck erklärte, daß er es nur den
armen Leuten zum Besten thäte. „Bei jetzigen teuern Zeiten" beschloß
der Rat „ist nicht alleine Jeremias Hucken, fremde Schuhe allhier zu
bringen oder auf dem Markte feil zu haben, sondern auch allen andern
Bürgern und benachbarten Schuhmachern zu den Wochen= und Jahr=
märkten gestattet. Ebener Gestalt ist jedem Bürger erlaubt, fremd
Leder zu bringen und nach billigem Wert zu verkaufen — Alles
gemeiner Bürgerschaft zum Besten." Wenn wir heutigen Tages sehen,
wie keine Gewalt aus einem überzeugten Freihändler einen Schutz=
zöllner zu machen im Stande ist, so verblüfft der Anblick der plötz=
lichen Bekehrung des Stadtrats, welcher, obgleich seine Herrschaft allein
auf die schutzzöllnerischen Zünfte sich stützen konnte, gleich Saulus zu
Paulus in einem Augenblicke vom Schutzzöllner zum Freihändler wird.
Zur Erklärung kommen wir nur, wenn wir uns, sofern nicht in der
schweren Not der Zeit eine unwiderstehlich überzeugende Beredsamkeit
liegen sollte, der Annahme nicht verschließen, daß Jeremias Huck ein
Hexenmeister gewesen. Letzteres war die Ansicht seiner Mitbürger,
welche ihn daher mit seinen drei Mitgefangenen am Mon=
tag, den 11. Juni 1629 enthaupten und verbrennen ließen.

Am 22. und 25. Juni werden frisch in die Türme getragen:

Hans Bluom, des Hänlin Stiefsohn, der erst auf dem Stuhle
bekennt;

Urſula, Hans Veltlin Oswald's Tochter;

Bäcker Hans Haßens Wittib;

Weber Magdalene des Philipp Ritters Wittib im See;

Hans Dünner's Frau, die bei aller Tortur ſtandhaft, erſt im
bekannten Stuhle beliebige Geſtändniſſe macht, aber dazu
ſetzte, ſie ſage dieſes nur wegen der argen Pein. Man
ſetzte ſie daher noch einmal hinein, damit ſie die Beifügung
weglaſſen möge;

Lüpſen Berbel, welche wie die übrigen das Leugnen von
vornherein für zwecklos hielt.

Dieſe ſechs Unholdinnen werden am 4. Juli verurteilt und
am Freitag, den 6. Juli 1629 mit dem Schwerte vom Leben
zum Tode verbracht und dem Scheiterhaufen übergeben.

Den Geiſtlichen erſcheint der viele Zuſpruch an die große Zahl
Gefangener etwas beſchwerlich und „ſie bitten wegen ihrer vielen
Mühewaltung der Malefikanten halber auch ein Recompens,“ was
ihnen aber abgeſchlagen wurde.

Nachdem am 8. Auguſt der Rat beſchloſſen, gleich nach der
Wiederkehr des Stadtſchreibers Marcellus Ruoff wieder die Hexen
einfangen zu laſſen und das Übel abzuſtrafen, ließ er am 13. Auguſt

Mäder's Sohn,

Ottilie, des Hans Lang, des Jungen Frau, und

Martin Betz

verhaften. Sie geſtanden in den erſten peinlichen Verhören, wie auch
die am 17. Auguſt feſtgenommene

Frau des Johann Nagel, welcher den Stettmeiſter Megerer
in ſeinen Streiten mit dem Rate vertreten hatte.

Am 20. Auguſt wurde die Frau des Stettmeiſters

Philipp Beck ergriffen, ein hübſches, zierliches Weibchen. Auf
dem lockigen Haare ſaß kleidſam das Baslerhütchen, der blanke Hals
hob aus ſorgſam gefalteter Krauſe blendend ſich vor und knapp ſchmiegte
ſich an die ſchlanke Lende der ſchmucke Gürtel. Gern ſahen die jungen
Herrn unter den Basler Hut in die blauen Augen, welche manchmal
freundlich zu grüßen ſchienen. Wenn dieſe auch wirklich verlangend
nach feineren Formen ſahen, ſo iſt es dem Frauchen nicht zu verargen.
Sicher bedürfte es bei ihr nicht der Beimiſchung eines Hexenpulvers

in den Trinkbecher, um Abneigung gegen den Mann vorzurufen. Stettmeister Beck ist der rohe Richter, welcher bei der Verurteilung des Simon Haller das Holz zum Scheiterhaufen anbietet. Kaum war seine Frau gefangen genommen, so sucht er in gemeiner Plumpheit beim Rate um Erlaubnis nach, daß er seiner Frau schreiben dürfe, sie möge auch Untreue, die sie begangen, bekennen und sie soll namentlich wegen des jungen Hausers peinlich befragt werden. Was sie gestand, ist unbekannt, aber es war genug, auf daß sie am 29. August 1629 mit den 4 übrigen Unholden hingerichtet wurde. Frau Nagel erhielt vor der Enthauptung noch einen Griff mit glühender Zange in die rechte Brust. In der Sitzung vom 5. Oktober, in welcher der Einzug der Hexenkosten beschlossen ward, weiß der rohe Stettmeister Beck über den Tod seiner Frau nichts vorzubringen, als daß er in widerlicher Weise die Zahlung der an ihn gestellten Forderung weigert und ungebärdig schimpft, man taste ihm Hab und Gut an, halte ihn für einen Narren und thue ihm Spott an. Der Rat soll es einem Andern auch so machen. Er wird um 3 ℔ gestraft und hat das Verdienst, uns den Trost zu geben, daß seiner Frau das Scheiden wohl weniger schwer gefallen sein wird, als es von vornherein uns dünken mochte.

Nachdem man die Verfolgung einige Wochen eingestellt, faßt der Rat am 8. Oktober in frischem Mute den Beschluß „mit dem Hexenbrennen soll man wieder fortfahren." Selbigen Tages werden nun in Haft genommen:

Marie, Hans Götzens und der Betzlerin Tochter,
Michel Wittich, der Vater des schon hingerichteten Thomas
   Wittich, ein brauchbarer Wachtmeister und tapferer Trinker,
Katharina Jakob Hänlin's Frau.

Am 19. Oktober 1629 erleiden sie zusammen den Tod.

Drei Wochen später befahl der Rat, die Pulver-Margarethe, welche im Jahre 1610 bei den kranken Soldaten als Pflegerin ihre Dienste gethan, Franz Göppert und Herrn Hans Georg Bauer in die Gefängnisse zu schleppen. Der letzte war Ratsherr, Artilleriemeister, Weinschätzer und Geschirrfacher. Es wurde daher angeordnet, daß mit der Verhaftung „Meiner Herren Sachen in die Kanzlei geliefert, Bauers Sachen aber versekretiert werden." Wenn sich Bauer früher

einmal mit Stettmeister Wesele auf der Pfalz herumschlug und seine
Tochter ihn ohne Wissen des Pfarrers mit einem Knäblein überraschte,
das dem Jugendgenossen Christoph Miele glich, so darf man dieses
nicht für etwas damals so außerordentliches halten, daß es sein Ansehen
erschüttert hätte. Auffallender ist, daß schon an einem Maiabend des
Jahres 1623 der betrunkene Pfarrer Hosemann dem Rat Baur an
das Fenster hinaufrief: „Gut Nacht Hexen, Raupenhexen, Raupen
dem Herrn Gumbs!" Schon zu jener Zeit schien demnach die Freundin
des Pfarrers, Frau Magenzapf, welche mit dem Pfarrer dem Nachbarn
böse zu sein Grund hatte, mit vorbereitender Hand am Leichentuche
Bauers gewoben zu haben.

Die drei Gefangenen wiederstanden dem peinlichen Verhöre nicht
lange, wurden am Mittwoch, den 21. November verurteilt und Frei=
tag, den 23. November 1629 hingerichtet.

In dieser Zeit beginnt sich eine allmähliche Umwandlung in der
Anschauung der Richter, der Gefangenen und des Volkes zu vollziehen.
Die Frauen, welche nun der sonst unabwendbaren Verurteilung ent=
gegengeführt werden sollen, zeigen einen bewunderungswürdigen Mut.
Die erste derselben, Magdalena die Frau des Hans Georg Hol=
dermann, war schon am 17. August wegen Hexerei eingezogen, es
zeigte sich aber, daß sie noch ein neues Leben unter dem Herzen barg.
Sie bat durch ihren Mann, der Rat möchte sie ihm, da sie ihre Ent=
bindung erst nach Michaeli erwarte, zur Ersparnis der hohen Unkosten
nach Hause geben. Holdermann erhielt seine Frau in die Wohnung,
nachdem er mit Leib und Gut Bürgschaft dafür versprochen, daß er
sie nach der Kindtauffeier wieder ins Gefängnis liefere. Im Beginne
des Septembers bittet er, seinem Weibe den Besuch der Kirche zu
gestatten, was abgewiesen wurde. Trotz alles Verbotes geht sie
dennoch in den Gottesdienst und ließ sich von ihrem Manne, der an
die Folgen mahnte, durch keine Vorstellung abwendig machen. Dem
Holdermann wird auferlegt, sein Gelöbnis nicht zu vergessen. Am
2. Januar 1630 kam er aber auf die Kanzlei und erklärte, daß seine
Frau den Hausbann unbedingt nicht mehr zu halten gesonnen
sei. Sie wird daher gleich verhaftet und peinlich verhört. Nach
mehrern Foltern gesteht sie erst, als man sie in den Hackerschen Stuhl
gebunden. Und so konnte man am 14. Januar beschließen, daß man

sie bis zur Anerkennung der zusammengestellten Geständnisse sitzen lassen wolle.

Die zweite dieser Frauen war die Gotter Neß, welche am 12. November 1629 eingezogen und, da sie in den zwei hinter einander vorgenommenen peinlichen Verhören unerbitterlich leugnet, auf den Stuhl gesetzt wird. Kein Mann hatte bis jetzt seiner Qual widerstanden, die Gotter Neß hat es vermocht. Nur in der heftigsten Qual begann sie etwas zu gestehen, nahm es aber gleich wieder zurück. Als der Rat am 19. November diesen unerwarteten Bericht erhielt, war er offenbar verlegen. Er gab die Wiederholung dieser furchtbaren schon fruchtlos angewandten Tortur dem Ermessen der abgeordneten Stett=meister anheim. Wenn die Gotter Neß sich ergeben wollte, ließ man ihr sagen, so könnte ihr am 21. mit Bauer, Göppert und Pulver=Margareth der Gerichtstag gehalten werden „und sie könnte mitgehen." Die Stettmeister wandten wirklich den Stuhl noch einmal an, aber die Gotter Neß wollte doch nicht mitgehn. Nachdem man ihr am 23. November den Barbier gesandt hatte, da ihre Beine von den Bein=schrauben schwer verletzt waren, so wird am 3. Dezember gemeldet: „Gotter Neß ist gar übel auf und vielmal schwach, daß man ver=meine, sie werde sterben. Die ist wieder auf den Stuhl gesetzt, verharrt aber auf der Unschuld. Erkannt, daß man sie solle nach Hause lassen und den Kirchherrn zu ihr ordnen." Kleinlaut wird beigefügt: „Mit dem Hexenfang soll man einhalten bis Weihnachten nacher." Der Beweis, den dieses heldenmütige Weib dafür geliefert, daß alles „Geschrei" und alle „Angaben" auf Hirngespinnsten beruhen können und daß man auch Unschuldige den furchtbarsten Schmerzen der Tortur bloß zur Erzwingung eines Geständnisses unterwerfe, muß auf Richter und Bevölkerung einen erschütternden Eindruck gemacht haben.

Desungeachtet wurden am 2. Januar 1630, wie schon berichtet, die Frau Holdermann und überdies Maria, die Tochter der Gotter Neß und des Balthasar Ehrhard, und am 12. Januar Ursula, des Jakob Burg Tochter zur Untersuchung gezogen und am 23. Januar einstimmig auf ihre Geständnisse hin, welche sie in den peinlichen Verhören abgelegt hatten, zum Tode verurteilt, doch sollten sie, wie dies auch dem Hans Georg Bauer auf Fürbitten der Kinder zugestanden worden, nicht „herfür", sondern gleich von den Türmen auf die Malstätte geführt werden. Andern Tags kam aber die Nachricht, daß alle drei einstimmig ihre Geständnisse für erzwungen und sich für unschuldig erklärten. Man sandte nun die regierenden Stettmeister und den Stadtschreiber sowie den Kirchherrn zu ihnen und, da sie unverrichteter Sache wiederkehrten, begleitete sie folgenden Tages der Schultheiß zu den verurteilten Frauen. Diese blieben einhellig auf ihrer Unschuld. Vor wenigen Wochen hätte noch der Stuhl die Ehre des Urteils gerettet, heute wagte man seine Anwendung nimmer und war froh, daß man in der Erklärung des Pfarrherrn, er wolle in den heiligen Ämtern der Meß Gott um Beistand zur Gerechtigkeit bitten, eine Brücke zum Beschlusse hatte, daß die Malefikanten bis zu weiterem Bescheide auf den Hochwachten gefangen bleiben. Als sie am 4. Febr. immer noch fest auf der Behauptung ihrer Unschuld beharrten, so wurden sie aus den Gefängnissen entlassen und vorerst in ihre Woh= nungen gebannt. Am 19. Februar verfällt man sie in die Unkosten.

So endet der grauenhafte blutige Wahn, welcher alle Klassen beherrschte, in unserer Stadt zur Unehre des für die Erkenntnis der Wahrheit verschlossenen oder für ihre Anerkennung zu mattherzigen Rats mit Todesurteilen, deren Vollstreckung durch die öffentliche Meinung schon zur Unmöglichkeit geworden war.

Es zeigten sich zwar einige Nachklänge. Am 9. Mai 1630 fand man auf dem Klosterplatze einen kleinen Hafen mit Laub und Blätter, was man alsbald auf Hexerei beziehen wollte. Der Rat mochte aber, da keine Anhaltspunkte vorhanden, nicht darauf eingehen. Ein armer junger, offenbar geisteskranker Mensch, Namens Moritz Mendlin, welcher von den Patres in Molsheim wegen Verdachts der Zauberei fortgeschickt und in Offenburg angezeigt worden und die Offenburger Herren um Wiederaufnahme und Gnade bat, wurde den 31. Januar 1631, weil er schon dorten geständig war, in Küttelturm gelegt und mit Ruten bedroht. Er gab seine begangenen Verbrechen alsbald zu und flehte nur, daß man ihn „seines verzagten Gemütes und der Kälte wegen in ein Stüblin legen möchte". Als man ihn weiter peinigte gab er an, nichts mehr zu wissen und auch nichts mehr zu wollen, „als daß man mit ihm ausmache". Der Rat erwies ihm die Güte und ließ ihn am 12. Februar unter der besondern

„Gnade," daß er gleich vom Turm „ohne Vorstellung" hinausgeführt werde, durch das Schwert hinrichten. Die Landvogteibeamten schürten auch jetzt noch gerne am Feuer und berichteten, daß manche Offenburger bei ihnen angegeben. Der beauftragte Stadtschreiber fand auch wirklich manche Frau, welche 4 oder 5 oder mehrere Male in den Protokollen genannt war. Der Rat meinte aber allzusehr von den Kriegsent= behrungen in Anspruch genommen zu sein, als daß er die Verfolgungen einleiten könnte. Im Juli tritt jedoch der Bürger Melchior Obrecht mit der Anklage gegen Michel Dietrichs Frau auf, daß sie sein kleines Mädchen angegriffen, aufgelüpft und fallen lassen habe, worüber es lahm geworden, nicht mehr gehen könne und, wenn man es aufnehmen wolle, kläglich schreie. Das Kind wird ins Spital verbracht, die Gefangennahme der Frau, welche schwanger sein sollte, verschoben. Es bestätigte sich aber die bei der Angeklagten bestehende Vermutung nicht, weswegen sie am 29. August in Känerturm mit Wache von 2 Männern gelegt wird. Trotz aller Tortur bleibt sie darauf, das Kind aufgelüpft aber nicht beschädigen gewollt zu haben. Die Stett= meister berichten „daß die Frau sich auch stelle, als hätte sie den Wehetag". Der Rat traut seiner Sache nimmer und beschließt „daß der Kirchherr ein Heiligtum und eine Meße halten soll, damit man es Gott dem Allmächtigen anempfehle". Desselben Tages brach bei der Unglücklichen der volle Wahnsinn aus und die Richter gaben sie am 3. September dem Manne nach Hause unter der Auflage, „wegen des Feuers und Anderem auf sie zu achten." Indessen kam der Schwede immer näher und besetzte am 11. September 1632 die Stadt. Eisen und Feuer heilte die Volkskrankheit oder drängte ihre Erscheinungen zurück. Nach Abzug des Feindes sehen wir nur noch ein schwaches Symptom. Der „kleine und junge Hans Linder" wird im Februar 1639 „wegen verdächtiger Hexerei" eingesteckt aber wieder entlassen. Wenn also auch noch Spuren sich zeigten, der Hexenwahn ist doch hier als im Jahr 1630 beendet zu betrachten. Niemals erhob er sich mehr zu jener überzeugungsvollen frischen und fröhlichen Mord= brennerei.

Die allem Menschengefühle und aller Menschenvernunft ·hohn= sprechenden aus den religiösen Anschauungen und der allgemeinen Bildung des damaligen Volkes hervorgewachsenen Hexenprozesse lassen

uns erkennen, daß der Satz „die Volksstimme ist Gottesstimme"
gerade so unwahr ist, wie die Hegelsche Behauptung, Alles was ist,
sei vernünftig, sofern man den Sinn darin sucht, in jedem gegebenen
Ausspruche der Volksmeinung oder schon in dem Bestande einer Thatsache
selbst liege die Verwirklichung absoluter Vernunft. Wahr wird er
nur sein, wenn wir darunter verstehen, daß wir vernünftig jede Erscheinung als die naturnotwendige Wirkung vorgehender Ursachen
auffassen müssen. Die Auffindung der letztern bringt allein richtige
Auffassung und Verständnis.

    In der Geschichte des Ausganges der Ortenauer hocheifrigen
Hexenverfolgung zeigt sich auch, daß es nicht ein oder der andere große
Mann ist, welcher allein eine tiefe geistige Bewegung vorzaubert oder
zum Stillstande bannt. Es gehen ihm die im Volke geborene Anschauungen voraus und er faßt sie nur in großem Überblicke zur
günstigen Stunde zusammen. Er ist das Kind seiner Zeit. Große
und Gelehrte fallen nicht vom Himmel. Hier in der Ortenau ist
so keine Spur von dem Einflusse der litterarischen Gegner des Hexenwahnes zu finden. Weier, Montaigne (1588) Charron (1591)
Reginald Scott (1584) blieben unbekannt und die cautio criminalis
des vortrefflichen Jesuiten Spee — von Thomasius zu schweigen —
erschien erst später und dennoch sank der Wahn, welcher gerade in seiner
Vollkraft wütete, in sich selbst zusammen. Es war ein heldenkräftiges
Weib, das dem Menschenverstande die aufgestülpte Nebelkappe
vom Kopfe schlug. Mehr bedurfte es nicht, denn er hat sich im Volke
immer geregt. Wir haben ihn aus dem anfänglichen Verhalten des
Magistrates und aus dem „vornehmen Manne" sprechen hören, welcher
dem Rate Ruß das Gewissen dafür ausklopfte, daß er zwei einfache
Traubendiebinnen auf den Scheiterhaufen und die Hexenverfolgung in
die Stadt brachte. Ebenso regte er sich während der leidenschaftlichsten
Ausbrüche des Wahnes in dem Rate Heinrich Held, der 1621 in die
Behörde gekommen. Martin Jung teilte ihm am Pfingstmontag 1629 halb
teilnahmsvoll halb anklagend mit, man spräche so nächtig viel davon, daß
der Spitalmeister Martin ein Hexenmeister, wie keiner, sei und seine Frau
und Kinder ebenso zur Hexenzunft gehörten. Abmahnend giebt ihm Held
zur Antwort, daß er solche Reden lassen möge. „Es sei eine sonderbare
Sache mit diesem Hexenwerk. Wenn je einer dahin komme, so müßte

er verbrannt werden, möge er sein, wie er immer wolle".
Selbst die Nacht bringe ihm oft bei seinem Zweifel keinen Schlaf
mehr. Auch mit Stettmeister Riedinger habe er darüber Rücksprache
genommen. Der habe ihm zur Antwort gegeben, was können wir
darüber wissen, kommt doch der Doktor selbst nicht daraus. Wegen
dieser Unterredung vom Rate zur Verantwortung gezogen, gesteht Held
frischweg zu, daß es in der That seine Worte seien. Er habe diese
Zweifel und er könne Niemanden in das Herz sehen. Es wurde
erkannt, daß Herr Heinrich Held zur Strafe 3 ß Pfennig und der
junge Riedinger 1 ß beffern foll.

Nur bei dem Vorhandensein solcher Skepsis läßt sich der ver=
nichtende Eindruck der Haltung von Gotter=Neß verstehen. Wenn der
Rat später doch noch einmal den geständigen Jungen richtet, so
thut er dieses nicht mehr als Glaubensfester, sondern aus Hochachtung
vor der peinlichen Gerichtsordnung und aus hier ungeeignetem Richterstolze,
welcher dafür hält, er müsse das Leben dem Paragraphen, niemals
den Paragraphen dem Leben unterordnen.

III.

# Der Hexenprozeß.

———

Nur in gedrängtem Bilde und matter Farbe konnten wir das schreckensvolle Los der zahlreichen Opfer vorführen, welche unsere verblendeten Vorfahren während weniger Jahre auf einem kleinen Heimatgebiete dem Hexenglauben dargebracht haben. Wenn wir bedenken, daß die Christenvölker, so wie hier, in fast ganz Europa Jahrhunderte hindurch die Scheiterhaufen für die Zauberinnen auflodern ließen, so fragen wir betroffen nach der Entstehung, Nahrung und Erhaltung solch unseligen fanatischen Wahnes.

Der Hexenprozeß trägt die kennbaren Züge seiner Eltern. Er ist der unverleugbare Sohn des zum Christentum übergetretenen Dämonenglaubens und der Ketzerverfolgung.

Dämonen und Magie waren, wie überall, so auch bei den für unsere Geistesentwicklung so einflußreichen Völkern der alten Griechen und Römer, deren Vielgötterei einen geeigneten Boden dafür abgab, in voller Geltung. Wem steigt hier nicht unberufen in der Seele Circe auf, wie sie des klugen Eurylochos Schaar „mit der Gerte" in borstige Schweine verwandelt! Wem erscheint nicht, von Odysseus aus der Unterwelt beschworen, der Thebäer Teiresias, welcher auch dortüben, wie jeder ordentliche Seher, einen tüchtigen Schluck nehmen muß, daß ihm die prophetische Dichtergabe erwache! Medea sehen wir auf dem Drachenwagen durch die Wolken fliehen und die Weiber Thessaliens, das so reich an Wunderkräutern, in luftiger Fahrt dahineilen. Die Lamien erschauen wir und die Strigen, welche sich nächtlich mit unhörbarem Eulenfluge auf die Menschen herabsenken, um ihnen Herz und Leber zu verderben. Auch Horazens welkende Canidia drängt sich bei, welche selbst verschmäht, in tiefer Leidenschaft

glüht und mit den Eingeweiden des gemordeten Knaben den Liebestrank
brauet, denn sie verstehet die Zauberkunst und schwebt, wem sie
zürnt, auf die feindlichen Schultern als Reiterin, giebt Bewegung den
Wachsgebilden, heißt durch Bann den Mond vom Himmel steigen,
weckt Leichenasche zum neuen Leben und mischt den Becher ungezähmter
Lüsternheit. Doch die höhnische Satire „Priapus (I. 8)" läßt uns
erkennen, daß man in Rom trotzdem die Magier für nicht so
furchtbar und zu ihrer Vertreibung nicht gerade Flammentod für
geboten erachtete. Sollte jedoch einmal die Magie ein Verbrechen
enthalten oder zum Vorwande einer Verfolgung dienen, dann erscheinen
auch bei den Römern Richtersprüche gegen Zauberer.

Nachdem im Gegensatze zur Vielgötterei des Heidentums die
christliche Religion den Einen allgütigen, allgerechten, allmächtigen und
allgegenwärtigen Gott verkündet hatte, war der menschlichen Vorstellung,
sollte man vermeinen, kein Raum mehr für den Bestand eines
mächtigen Reiches gottfeindlicher Dämonen übrig. Die ersten Christen
hielten zwar an den Dämonen fest, glaubten aber in der That ihre
unmittelbare Gewalt über fromme Christen gebrochen und der Kirchen=
vater Hermes ruft zuversichtlich: „Ihr sollt den Teufel nicht fürchten!"
Der heilige Augustin geht jedoch schon, um das Böse in der Welt
verstehen zu können, zu einem verschleierten Dualismus über, indem
er zwei von Anfang her durch Gott vorausbestimmte Reiche, das
göttliche und das satanische, neben einander annimmt. Nach seiner
Lehre sind in ziemlicher Übereinstimmung mit der Ansicht der ältern
Kirchenlehrer die Angehörigen des letztern — die Dämonen — blitz=
schnell, scharfsinnig, kenntnis= und erfahrungsreich und haben sich
durch diese Vorzüge bei den alten heidnischen Völkern göttliche Ver=
ehrung zu erringen vermocht. Es ist ihnen Frauenliebe möglich und
mit ihrer Hülfe können Gottlose wahrsagen, durch den bösen Blick
schaden, Sturm und Hagel machen und Ernten versetzen.

Durch diese Auffassung ist die Magie mit der heidnischen Götterwelt
in Verbindung gebracht und daher Anlaß gegeben, in den Magiern
zugleich die Heiden zu verfolgen. Die christlichen Kaiser gingen mit
den Todesmartern gegen sie vor, die Synoden dagegen mit dem Aus=
schlusse aus der Kirchengemeinschaft, „weil eben die Zauberkunst ohne
Götzendienst nicht möglich sei" (Synoden von Elvira und Laodicäa).

Wie verständig mutet der abweichende Beschluß der Synode von Bracara (563) uns an, welcher diejenige verdammt, so da behaupten, daß der Teufel aus eigener Macht Wetter, Blitz und Donner oder Trockenheit vorbringen könne. Während die Lex Salica eine Stria (Hexe), welche überwiesener Maßen einen Menschen aufgezehrt habe, um 200 Solidi bestraft, droht die Synode zu Paderborn (785) jedem den Tod an, welcher, vom Teufel verführt, nach Art der Heiden glaubt, es sei Jemand eine Hexe und fresse Menschen, und sie dann deshalb verbrennt. Ganz entschieden spricht sich der wahrscheinlich einem fränkischen Kapitulare aus derselben Zeit entnommene und in das kanonische Rechtsbuch aufgenommene Ancyranische Canon Episcopi aus. Er erklärt Glauben und Bekenntnisse der Frauen, als wären sie in der Stille der Nacht mit der Heidengöttin Diana und vielen Gefährten auf Tieren in weite Fernen geritten, als reine Täuschung und beklagt, daß so Viele dieselben als Wahrheit nehmen. Es seien dieses Traumgebilde und wer habe im Schlafe nicht schon vieles gesehen, was er im Wachen niemals vor Augen bekam. Die Priester hätten daher allen zu verkünden, daß, wer solche Dinge für wahr nehme, den Glauben verloren habe und des Teufels sei. Wer meine, daß etwas ohne den Schöpfer geschehen könne, von dem Alles herrühre, der sei abgefallen und schlechter als ein Heide.

Im schärffsten Gegensatze zu diesem klaren Ausspruche kirchlicher Anschauung stellt um die Mitte des 13. Jahrhunderts der hochangesehene Scholastiker und Kirchenlehrer Thomas von Aquino, dessen Werke der jetzige Papst Leo dem Klerus zum eifrigsten Studium bringend empfohlen hat, die Lehre auf, daß jene Erklärung des Dämonenglaubens aus Wahnvorstellungen ein Irrtum sei und der katholische Glauben die feste Annahme wirklicher Dämonen und ihrer Macht zu thätlichen Beschädigungen, zur Entziehung männlicher Kraft und zur Vorbringung von Sturm und Feuerregen verlange.

Ist durch das Gewicht dieses mächtigen Gelehrten dem Dämonenglauben wieder fester Boden gewonnen, so fließt ihm üppiger Nahrungssaft durch die Vorstellungen zu, welche die Ketzerverfolgungen desselben Jahrhunderts in das Volk warfen. In keinem Streite sind die Menschen so rechthaberisch, hartnäckig, gehässig und

7

unversöhnlich als in einem über Fragen, welche keine schlagende und sichere Überführung zulassen. Bei zwiespältiger Ansicht über Aufgaben der Mathematik, Physik, Chemie, Astronomie erhitzen sich die Gegner nicht im Übereifer, schmähen und schlagen sich nicht darob, sondern suchen in ruhiger Weiterforschung die Wahrheit oder Hinfälligkeit der Behauptung durch die Lösung der Frage zu erbringen. So oft aber die Menschen bei Glaubenssätzen der Kirche zu verschiedener Auslegung kommen, so finden sie kaum bittere Gedanken und Worte genug, um nicht bloß die Ansicht, sondern auch die ganze Moral des Gegners zu verdächtigen und anzuklagen. So warf die Bulle des Papstes Gregor IX. (1233) den deutschen Ketzern vor, daß sie bei der Aufnahme erst einem backofengroßen Frosch auf den Teil, der sonst bei den Tieren mit hübschem Ausläufer geziert ist, einen unwürdigen Kuß gäben, dann einen Mann von wunderbarer Blässe und Kälte bewillkommten, wobei alle Erinnerung an den katholischen Glauben schwände. Nach dem Mahle stiege durch eine Säule rückwärts ein schwarzer Kater herab und blieb erwartungsvoll in Stellung. Man küßte ihn und brachte ihm allgemeine Huldigung dar, wonach die Lichter gelöscht würden und die Orgien der Sittenlosigkeit zwischen den beiden oder denselben Geschlechtern begännen. Alle bekenneten, nur thun zu wollen, was Gott zuwider. Die Verfolgung, welche man den Deutschen auf solche Anlage nach dem Muster der südfranzösischen zugedacht hatte, stockte jedoch beim Beginne, da man den gesandten Großinquisitor Konrad von Marburg auf der Haide bei Marburg sofort tot schlug (30. Juli 1233).

In den Dämonen, welche die Gelehrten jetzt glücklich wieder in ihrem Obersten, dem Teufel, die Herrschaft auf Erden errungen hatten, erblickte man die alten Heldengötter, deren Liebschaften mit den hübschen Menschenkindern den Fortbestand ihrer Neigungen voraus= setzen ließen. Die Vermischung von Geistern mit den Erdentöchtern war auch durch das alte Testament bestätigt, wo es I Moses VI. 2 heißt, daß die Söhne Gottes nach der Schönheit der Mädchen sahen und sich allwärts diese zu Weibern wählten. Die Denker nahmen nun dieses zum Vorwurfe ihrer Forschung. Selbst der große Thomas von Aquino behauptete da nicht nur die Wahrheit der irdischen Dämonenliebe sondern auch ihrer Erfolge durch Ausführungen, welche

die theologischen Systematiker als fein, scharffinnig und folgerichtig
mit aller Anerkennung, wir unwissenschaftlichen Plebejer jedoch als
sonderbare Erscheinungen des menschlichen Denkens mit Kopfschütteln
anstaunen.  Die unmittelbare Folge solcher Lehren war die, daß die
Inquisitoren in den Ketzerprozessen bald gerade die Vereinigung mit
dem Bösen als einen der Hauptpunkte ihrer Untersuchung annahmen.
Da ferner die Ketzer selbst beschuldigt waren, dem Satane als dem
Feinde göttlicher und menschlicher Ordnung zu huldigen, so lag es
eben so nahe, daß in dieser Huldigung auch die Verpflichtung lag,
den Zweck des Herrschers, die Schädigung der Menschen, mit
auszuführen.  Man verband daher auch die Magie mit der Ketzerei
und ließ den Teufel seine Anhänger mit Kenntnissen und Mitteln
dazu (Gerte, Pulver) ausrüsten.  So geht die Ketzerei allmählich
in die Hexerei über.  Man verfolgte jetzt die Verbindung
der Menschen, welche nach verübter Sinneslust den verführerischen Satan unter Abschwörung der Gottheit als
Herrn erkannten, in großen Versammlungen die Orgien
feierten und mit des Teufels verliehener Zauberkunst, den
Mitmenschen Krankheit, Wahnsinn, männliche Schwächung
Unfruchtbarkeit, Schaden an Früchten und Vieh zufügten.
Unter dieser Fahne der Hexerei tobte die einheimisch gewordene Verfolgungswut durch die Länder weiter, indem sie durch die scheinbare
Ausrottung tief schädlicher Verbrecher die Gesetzgeber und die Be-
völkerung für sich einnahm.

In unserem deutschen Vaterlande jedoch hatte sich die Inquisition,
welcher mit dem Tode des Konrad von Marburg eine schwere Lehre
gegeben worden war, niemals festsetzen können.  Auch der Gedanke
daß die Hexerei nur im Wahne bestehe, hatte sich hier fortgeerbt.
Es stießen daher die als Inquisitoren für Oberdeutschland und die
Rheingegenden ernannten Dominikaner Heinrich Institor und Jakob
Springer auf die größten Hindernisse, da sie bei Volk und Richtern
kein Entgegenkommen fanden.  In ihrer schwierigen Lage wandten sie
sich an den Papst Innocenz VIII. um Hülfe und Beistand durch sein
mächtiges Wort.  Er sandte die unglückselige Bulle Summis
desiderantes vom 5. Dezember 1484.  Er drückte darin seinen
höchsten Wunsch aus, daß der katholische Glaube wachse und erstarke

und aus der Kirche weit über die Grenzen hin alle Ketzerei vertrieben
werde. Mit Schmerz habe er vernehmen müssen, daß in Oberdeutschland
Männer und Frauen, uneingedenk des eigenen Heiles, vom Glauben
der katholischen Kirche abgefallen, sich den Dämonen ergeben hätten
und durch ihre Zaubersprüche, Reime und Beschwörungen und andere
gottlose Unthaten die Geburten der Frauen, die Jungen der Tiere,
die Früchte des Feldes, die Trauben der Weinberge und das Obst
der Bäume, die Menschen und das Vieh verderbten, den Menschen
und Tieren äußere und innere Qualen bereiteten, die eheliche Pflichten
hinderten und mit gotteslästerlichem Worte ihren Glauben abschwüren.
Hierauf beklagte er, daß seine ernannten Inquisitoren bei Klerikern
und Laien, die über die Gebühr gescheit sein wollten, Widerstand
gefunden hätten, wodurch die Schuldigen zum Schaden ihrer Seele
und Verluste ihrer Seligkeit der Strafe entzogen würden. Daher
würden die Dominikaner Institor und Sprenger auf das Neue als
Inquisitoren mit ausgedehnter Vollmacht ernannt und der Bischof von
Straßburg ermächtigt, alle Gegner der Hexenverfolgung, welches
ihr Stand, Würde oder Hoheit sei, mit Interdikt und Bann zu
belegen und selbst dem weltlichen Arme zu übergeben.
Sobald nun irgendwo die Bulle publiziert war, begann die Hexen=
verfolgung. Jedoch selbst in Tirol erhob sich der Bischof, der Regent
und der Landtag gegen dieses Rechtsungetüm trotz der päpstlichen
Androhung des Bannes. Da die beiden Inquisitoren überall das
Unbehagen sahen, kamen sie auf den glücklichen Gedanken, die Juristen
zu locken und verfaßten daher einen ausführlichen Kodex des
Hexenprozesses — den berüchtigten Hexenhammer. Nachdem
dieser in den beiden ersten Teilen die Wirklichkeit der Hexerei nach
Bibel, kanonischem und bürgerlichem Rechte dargethan und das Wesen
der Hexerei und die geistlichen Heilmittel erklärt hat, giebt er im
dritten den geistlichen und weltlichen Richtern Unterweisung, wie ein
Hexenprozeß eingeleitet und geführt und wie das Urteil gesprochen
werden muß, was eine um so nötigere Belehrung war, als der Kodex
vorsichtig die Verfolgung der Hexerei, sofern sie nicht einen ausgesprochen
ketzerischen Inhalt hat, von den Inquisitoren weg auf die Bischöfe
und die weltlichen Richter überträgt. Wie der Fisch im Wasser gar
wohlig an die Angel geht, so gerne schnappet eingefleischte Juristerei

nach Paragraphenhaken. An den Kodex Sprengers biß sie daher auch an. Die verhängnißschwere Folge davon war, daß bei uns bald an die Stelle des volkstümlichen Anklageprozesses, welcher nach dem Satze „wo kein Kläger, da ist kein Richter" diesen nur dann und insoweit in eine Verfolgung eingreifen ließ, als Jemand eine Anklage erhob und dafür einstand, jener neukirchliche Inquisitionsprozeß trat, bei welchem der Richter auf verantwortungsfreie Anzeige oder allgemeine Inzichten hin von Amtswegen eingriff und die Tortur und der Scheiterhaufen das Wahrzeichen bildeten.

Wenn auch der Hexenhammer da und dort seine Gegner fand, der Hexenglaube, welcher die allgewaltige Sanktion des Papstes und des Kaisers Maximilian des Ersten, erhalten, schritt jetzt siegreich durch das Land und das Volk. Anfänglich sträubte sich der gesunde Sinn des Volkes und selbst die Gesetzgebung hielt noch so gut wie möglich den richtigeren Standpunkt ein. So trifft die peinliche Gerichtsordnung Karls V., welche bei uns maßgebend blieb, die sachgemäße Bestimmung: „So Jemandt den leuten durch Zauberey schaden oder nachteyl zufüget, soll man straffen vom leben zum tode und man soll solche straff mit dem fewer thun. Wo aber jemandt zauberey gebraucht und damit niemandt keinen schaden gethan hatte, soll sunst gestrafft werden nach gelegenheit der sach." Es war vergeblich. Der Dämonenglauben durchseuchte das ganze Volksbewußtsein und für jeden Schaden mußte eben gerade eine Hexe den Grund abgeben.

Wollen wir nun die Erscheinungen, welche wir in den Hexenprozessen unserer Heimat zu sehen bekamen, einer näheren Untersuchung unterwerfen, so müssen wir zum Verständnisse immer klar vor Augen behalten, daß zu damaliger Zeit eben alle im dichten Luftkreise des Hexenglaubens lebten und atmeten.

Nach landläufigem Gebrauche könnt' ich auf die Frage, wer denn in den einzelnen Fällen fanatisch die Anklage schürte und den Scheiterhaufen anzündete, ruhig antworten: die Geistlichkeit. Es läge dieses ganz nahe. Wie der Kurschmied dem kranken Pferde, es mag ihm fehlen was da will, immer zuerst das Beschläg untersucht und gleichmäßig der Gynäkologe alsbald nach dem von Goethes Mephistopheles angeratenen Punkte forscht, und wie der Untersuchungsrichter immer fragt, wo ist denn das Weib: so ruft, wer eine verwickelte

Kulturerscheinung klar legen möchte, sofort, wo ist der Pfaffe! Die
Methoden mögen ihre guten Gründe haben, führen aber nicht immer
zum Ziele. In unsern Fällen wenigstens ist es keineswegs der
Geistliche, welcher zu den Prozessen drängt. Glaubensverfolgung zeigt
sich nie. Überhaupt wird Ketzerei nur das eine Mal in der Untersuchung gegen Frau Schütterle aus Zell (1557) gestreift. In den
vierziger Jahren des sechzehnten Jahrhunderts war nämlich der 1548
zu Ortenberg verstorbene urwüchsige Kämpe Graf Wilhelm von Fürstenberg
nicht nur kaiserlicher Landvogt der Ortenau, sondern besaß auch einen
Teil derselben als Reichspfand. Früher Bundesgenosse Sickingens,
weigerte er als französischer Kriegsmann 1538 zu Nizza trotz der
Aufforderung des Konnetabels von Montmoreney zum Staunen der
Franzosen, dem Papste den Fuß zu küssen. Ein in seiner Familie
unerhörtes Beispiel, wie Abt Gerbert sich ausdrückt, wandt er sich von
der katholischen Religion ab und suchte nun in seiner Herrschaft im
Kinzigthale und in der Ortenau der neuen Lehre Eingang zu ver-
schaffen. So machte er auch als Pfandschaftsinhaber vom Rechte der
Kollatur über die Weingärtner Kirche, welche von den Rammersweiern
und Zellern besucht wurde, Gebrauch und setzte Pfarrer des neuen
Glaubens ein. Diese gewannen aber keinen festen Anhang und
wurden immer wieder verdrängt. Auf einen derselben bezog sich die
Frage der Ortenberger Schöffen an Frau Schütterle. In der heutigen
Bevölkerung ist das Andenken an ein Auftreten der Reformation in
der hochgefeierten Marienkirche fast erloschen und nur die zwei Spott-
namen, welche die Rammersweirer, so man „Wölfe“ nennt, und die
Zeller, welche „Esel“ gescholten werden, vom Volksmunde zu hören
bekommen, mahnen noch dunkel an jene Zeit. Als einst, meldet eine
mündliche Überlieferung, einer der eingesetzten Pfarrer die neue Lehre
Luthers verkündete, ergrimmten die Rammersweirer, stürmten auf die
Kanzel, verschlugen ihm mit Rebstecken den Kopf und jagten ihn herab,
während die Zeller verblüfft zusahen. Der mißhandelte Prediger rief
donnernd in die Kirche: diese fallen mich an, wie reißende Wölfe
das fromme Schaf, und ihr Zeller dort hinten gafft ruhig zu, wie
die Esel über den Hag. Von dort an bis heute dürfen die Rammersweirer
oder jetzt ihr Rechner bei Prozessionen vor allen Gerichtsherren des
Zeller Stabes her mit einer Wachskerze schreiten, welche so mächtig

ist wie die Glaubenswaffen, womit die Kammerzweirer einst die feindlichen Gedanken des lutherischen Predigers an ihrer Ursprungs= stelle bekämpften. Wohl die wenigsten, welche jetzt den Rechner sehen, wissen den Sinn seiner Kerze genau. Das war anders bei Lebenszeit der Frau Schütterle und man kann daher die Berührung dieser Vorgänge bei ihrem Prozesse keiner besondern Einwirkung eines Geistlichen zuschreiben wollen. Nur bei der Untersuchung gegen die Offenburger Bäcker=Else hat der Kirchherr Anklagepunkte gegen die Frau aus früherer Zeit den Richtern mitgeteilt und Öl in das Feuer gegossen, aber nicht als kirchlicher Eiferer, sondern als befragter Mitwisser. Daß es wirklich allein die Silberrad und Stehlin und keine Pfarr= hofparteien gewesen sind, welche das Hexenbrennen verlangten, geht aus einer Äußerung der Frau des Lienhard Stehlin hervor, welche sie nach der Verhaftung ihres Mannes und Silberrads gegen Hans Pfau gethan (5. Febr. 1602). Sie frug ihn, ob er gekommen wäre, um für ihren Mann Freilassung zu erbitten. Als er sich über die ihm noch unbekannte Einkerkerung Stehlins erstaunte, rief sie ihm unwillig zu: „Ich weiß wohl, daß Du auch an dem Kirchherrn und den Pfaffen hängst und die Pfaffen werden nicht für meinen Mann bitten, denn der Kirchherr und der Einnehmer haben einander soweit gebracht, daß keiner mehr ein Herz für arme Leute hat. Ja Meine=Herren haben vormals ein Rathaus gehabt, aber jetzt muß man darin das Pfaffenwerk traktiren, so zuvor in der Kirche beschehen." Nach dieser Herzensergießung darf man sicher annehmen, daß in Offenburg zwischen den Hauptführern der Hexenverfolger und den Geistlichen keine Verbindung bestanden hat. Wenn je ein besonderes Eingreifen von diesen erkennbar ist, so können wir nur ein wohlthuendes Bestreben wahrnehmen, die Leiden der Unglücklichen zu mildern und zu heben. Der Kirchherr ist es, welcher der Bäcker=Else beklagens= wertem Töchterlein, welches selbst der Vater hartherzig verlassen wollte, das Leben rettete und die Ketten löste und offenbar ist es der Kirchherr, welcher klug die zuletzt verurteilten Frauen dem hirn= und herzverstockten Rate aus den Händen wand. Die Offenburger Hexen= prozesse haben also ihren Entstehungsgrund durchaus nicht in einer besonderen Anregung durch die Geistlichen. Es bedurfte ihrer auch gar nicht. Bulle, Kaiserpatent und Hammer wirkten in die Ferne. Ich

werbe an einen Dorftanz in der Normandie erinnert. Nachdem sich
die Burschen mit ihren schmucken Mädchen vorbereitend in Paare
gestellt hatten, spielte die Musik schmetternd die Tanzweise und legte, als
der Reigen in Gang gekommen, ruhig ihre Instrumente bei Seite. Die
Normänner tanzten aber lustig nach dem taktfesten Klappern ihrer Holz=
schuhe die Galopade fort. So stimmten der Geisterherrscher und der Kaiser
mit festem Striche auf der Völkerbratsche den schaurigen Hexentanz an
und der Inquisitor schlug mit dem Hexenhammer im Takte auf, daß
die Musik in alle Paläste, Kirchen, Gerichtshöfe, Lehrsäle und bis in
die kleinste Hütte ertönte. Das Volk erhob sich und tanzte, die grausige
Weise immer lauter und lauter summend, im wachgerufenen geistigen
Veitstanze weiter und weiter, als längst die verführerischen Saiten der
Bratsche ausgeklungen!

Ohne viel Bedenken hat man neben dem geistlichen Getriebe als
Grund der hiesigen Prozesse die Habsucht des Magistrats angeführt,
da ihm bei seinem Richteramte stets die Einziehung der Güter der
Verurteilten als Preis des Schuldbefunds vorgeschwebt haben soll. Für
diese Ansicht sprechen lediglich keine, dagegen aber alle Thatsachen.
In Offenburg ist anläßlich der Hexenprozesse niemals eine Vermögens=
wegnahme beschlossen worden und den hinterlassenen Erben verblieb
immer das Vermögen der Hingerichteten. So werden die Kinder der
Drittenbächerin bevogtigt und, da die Gerichtskosten aus dem Erlöse
von den Fahrnissen nicht gedeckt werden können, so will der eine
Sohn gegen Zuschreiben von 5 Haufen Reben aus der Verlassenschaft
die Schuld allein übernehmen (30. August 1628). Megerer, welcher
in seinem Streite gegen den Rat sicher alle Angriffspunkte aufgesucht
hatte, wirft ihm aus dem Prozeßverfahren gegen seine Frau nur die
Unkosten aber keine Vermögensbeschlagnahme vor. Das Gleiche ist
bei Philipp Baur und Stettmeister Beck der Fall. Beweisend erscheint
die Thatsache, daß vor ihrer Hinrichtung Frau Holdermann Bestimmungen
über ihre Hinterlassenschaft auf den Fall einer Wiederverheiratung ihres
Mannes trifft. Ebenso bezeichnend ist die Befugnis des alten Wittich,
im Gefängnisse ein Testament zu Gunsten seiner Frau machen zu
dürfen und der gerichtliche Antrag des Vogtes seiner Enkel und des
Sohnes Michel, daß man die Witwe, da sie das Testament angriffen,
aus dem Besitze der Verlassenschaft setzen soll. Als die Ortenauischen

Beamten am 29. Oktober 1629 das Recht in Anspruch nahmen, die in der Landvogtei gelegenen Güter der in Offenburg hingerichteten Hexen und Zauberer (Haller, Marie Linder, Geringer) einzuziehen und deshalb die Erben auf 31. Oktober vorluden, so suchte der Rat sofort beim kaiserlichen Kammergericht Speyer Einhalt zu erwirken, erhob Protest durch den Notar und verbot den Angehörigen der Hin= gerichteten bei 3 ℔ Strafe, der österreichischen Vorladung zu folgen. Dem Hans Schwab legt er auch wirklich eine Buße von 5 ℔ auf, weil er dennoch mit den Ortenauern einen Vergleich abgeschlossen, um weitere Verluste zu verhüten. Schwab hätte keine Sorge zu haben brauchen, würde es sich bloß darum gehandelt haben, ob die Orten= berger oder der Rat von Offenburg zur Konfiskation berechtigt sei, da für ihn das Ergebnis in beiden Fällen das gleich wertlose gewesen wäre. Als die Ortenberger Hallers Reben herbsteten, war es der Nachfolger des Hingerichteten, welcher Klage erhob und nicht der Rat. Die Entscheidung des kaiserlichen Gerichts wird auch zweifellos zu Gunsten Offenburgs gelautet haben, da erst Kaiser Ferdinand II. ein strenges Verbot solcher Güterwegnahmen erlassen hatte. Auch abgesehen hievon muß man jedenfalls mit aller Entschiedenheit in Abrede stellen, daß Vermögenseinziehung als Entstehungsgrund hiesiger Hexenprozesse angerufen werden könne. Die neue Alchymie, aus Menschenblut Geld zu machen, wurde in Offenburg nicht betrieben.

Aus fast allen ortenauischen Hexenanklagen, soweit sie von freien Mitbürgern und nicht von den Gefolterten erhoben werden, geht überzeugend hervor, daß immerhin das größte Unheil des kirchlich gebotenen Dämonenglaubens in der Verleugnung der Naturgesetze liegt. Wer das Bekenntnis fordert, daß den Zauberfrauen Mächte und Fähigkeiten zukommen, welche mit allen erkannten Naturkräften im Widerspruche stehen, der öffnet allen Mißgeburten der Unwissenheit Thür und Thor. Niemand hat ja mehr Ursache einer auffälligen Erscheinung auf den Grund zu gehen: zur mühelosen Erklärung dient ihm, mehr wie ausreichend, die Nachbarin — die Hexe. Wenn Wein in bleihaltigen Zinnkannen aufbewahrt, und Früchtemus, in Kupfer= geschirren gekocht, üble Folgen vorruft, wer sollte nachforschen, woher dieses kommen mag, da der Richter es als sichern Grund zur Anklage wegen Hexerei anerkannte. (V. Rockenbach S. 33, Dietrich S. 55.) Unser

Wolf Lenz, dem bei seinem strophulösen Knochenleiden Gewebtrümmer und Beinstücke aus der mehrfach geöffneten Wunde treten, beschuldigt kurzweg seine Mutter, welche einmal sorglich den entzündeten Arm besichtigt und berührt hatte. Dem Kinde des eigenen Sohnes muß die Welsch Hänsin bei der Geburt die Blutgeschwulst auf den stark gepreßten Kopf gehext haben. Des Schultheißen Kind in Appenweier kränkelt vom freundlichen Kuße der Frau Kuon. Die letzten Sterbephantasien des Eberweirer Knaben geben die Anklage gegen die Urglerin ab. Bei Karlmanns Kuh in Zell findet man zwei Steine in der Blase, welche nur die Frau Schütterle zauberhaft hineingeblasen haben kann. Sein atrophisches Knäbchen mit dem greisenhaften faltigen Gesichtchen bringt der empörte Vater Stehlin dem Magistrate auf die Gerichtsstube zum Mitleid erregenden Beweise, daß nur die Helene Laubbach es in diesen kläglichen Zustand zu versetzen vermochte. Wie sich in solchen Fällen der Entschluß zur offenen Anklage allmählich ausbildete zeigt uns in hübscher Weise eine Untersuchung gegen Katharina, Frau des Melchior Fey, aus Fessenbach. Eines Tages spielte eines ihrer Kinder auf der Straße und bespritzte die Fenster der Nachbarin Petronella Schilling, worüber sich ein kleines Wortgefecht zwischen den beiden Frauen entwickelte. Kurz nachher zupfte der Fey älteste Tochter Maria das kleine Mädchen der Schilling vor dem Hause scherzend „am Öhrlin", worauf das Kind bald erkrankte. Die Nachbarin mit der Tochter besuchten die kleine Patientin, welche aber bei ihrem Erscheinen weinte. Forschend fragte nun Frau Schilling, was denn wohl ihrem Töchterchen fehle, worauf Katharina die Diagnose auf „Börbelblotteren" stellte. Von jetzt an kam zwar noch Maria auf Besuch, ihre Mutter aber nicht. Beide sagten niemals ein Gotthelf. Das alles erschien sehr verdächtig. Der Hausvater wollte der Sache gleich recht auf den Grund kommen und nahm den Weg zum Offenburger Scharfrichter unter die Füße. Nach Anhörung des Begehrs gab ihm dieser den Bescheid, das Kind werde in 8 Tagen sterben, denn es hab ihms eine Nachbarin angethan, welche immerhin — wie er verschmitzt im Vertrauen auf das wortdurchlässige Zahngehege der Frau Petronella voraussagte — seinen Gang wissen werde, ehe er recht nach Hause komme. Wirklich beklagte sich bald die Frau Fey, daß man sie in Verdacht des Kindverderbens zu bringen suche und wollte es einmal von Roman Fey und ein andermal von Kiefers Frau gehört haben. Bei dem Begräbnisse des Kindes, deſſen Tod man ihr zu Schuld legte, erſchien Frau Fey nicht, wie die übrigen Nachbarinnen, ſondern machte ſich in Offenburg zu ſchaffen, wo ſie gegen „die Lumpen=frau, deren Mann Fröſch Baltin geheißen" ſich geäußert haben ſoll: Gieb nur Acht, ob ihr jüngſtes Kind nicht auch noch ſtirbt! Auf ſolche Angaben wurde Frau Fey ſofort eingezogen und auf das Ortenberger Schloß verbracht (1603).

Von den Bildern der allen Naturgeſetzen ſpottenden Hexerei erfüllt, war man im Wollen und Denken unfähig, ſelbſt die Phantaſien des Traumes von den Geſtalten der Wirklichkeit zu ſcheiden. So kam es, daß die Witwe Roß von Appenweier von der alten Zilie Kern in Zuſenhofen beſchuldigt wurde, als Katze zu ihr auf das Bett geſprungen und ſie ſchwer beengt zu haben. Auch Kinder hatte ſie als Haſe oder Katze getötet. Ganz bezeichnend lauſet die vor dem Offenburger Rate erhobene Anklage des Hans Ruprecht gegen die Frau des Jakob König, welche dem Hexenröſter Kaſpar Silberrad wegen Fluchtverdächtigkeit ſo viel Sorge gemacht hat. In der Nacht, giebt der Kläger an, habe er verſpürt, daß etwas gegen ſeinen Kopf und das Geſicht herzukommen ſuchte. Er habe gelauſcht „ſei aber nicht aus dem Zuſtande herausgekommen". Da ſei einsmals eine Frauensperſon vor ſeinem Bette geſtanden, habe ihm nah in die Augen geſehen und ſo gelacht, daß ſie geſchwabbelt. Es ſei Königs Frau geweſen. Als ſie nicht ablaſſen wollte, habe er endlich geflucht und nach der Wehr gegriffen und darauf hin ſei ſie gewichen. Wohl Niemand der etwas vom Alpbrücken (Schrättle) hörte oder gar ſelbſt im halbwachen Zuſtand huſchelnd eine Katze, einen Haſen oder Kehr=beſen oder ſchlanken Strohhalm auf ſeine Bruſt ſpringen fühlte oder dem drohenden Räuber oder Rieſen Aug in Auge ſah, wird bei Ruprechts trefflicher Schilderung im Zweifel ſein, mit was er es in den bezeich=neten Fällen zu thun hat. Die Angeklagten ſelbſt bringen mit der gleichen wirren Vermengung der Bilder des Schlafes mit denen des Wachens ihre Angaben über die luſtigen Fahrten vor. Wer von uns iſt im Traum nicht luſtig über die Stadt geflogen und wer von uns ſäße, wenn er ſtets nur von den Hexenritten hörte, trotz aller Wohl=beleibtheit nicht auch einmal nachts auf dem Beſen und ſauſte durch das Reich der Vögel! Freilich gehört schon ein festerer Schlaf dazu und daher konnte die Frau Schiffmann nicht ausfahren, wenn sie die unruhig gewordenen Kinder gerade in Gottes Namen hatte schlafen heißen. Besser geht es wenn man wie Frau Kuon einen „Schlaftrunk" nimmt. Eine Apollonia, Frau des Michel Okenfuß in Windschläg, giebt selbst an, daß es ihr manchmal vollständig vorgekommen, als wäre sie bei solchen Hexenfahrten und sähe sie mit den Augen, sei aber dann gerade erwacht und im Bette gelegen. Warum sollte man auch diese Träume nicht für wahr halten dürfen, wenn selbst Thomas von Aquino sagt, daß nach dem Evangelium der Satan den Erlöser durch die Luft getragen und auf die Zinne des Tempels gestellt habe und der Teufel doch sicher, was er mit einem Körper vermochte, auch mit vielen könne.

Warfen die Äcker eines Grundbesitzers weit weniger Erträgnis ab, als man zu hoffen berechtigt ist, gaben die Kühe keine oder rote oder schlechte Milch, endeten rasch hinter einander Pferde und Rinder, warum sollte der Eigentümer darüber nachzusinnen Anlaß finden, welches die Nahrung einer Pflanze sei und ob die Früchte sie auf seinen Feldern gefunden haben, ob in schlechter Fütterung und schlechter Pflege vielleicht der Grund seiner Verluste im Viehstande sei, da er doch wußte, wie viele mächtige Hexen um ihn herum wohnten, welche Ernten versetzen, Milch nehmen und zauberisch das Vieh töten. So lange diese lebten, gab es kein Heil und keinen Segen und es blieb nur die eine Aufgabe, die Hexe zu finden. Wir dürfen hier nur an die Verhand= lungen in den Offenburger Zünften bei der Silberrabischen Bewegung erinnern, um einen hinlänglichen Aufschluß darüber zu bekommen.

Bei Erwägung dieser Thatsachen werden wir verstehen, warum Buckle einen so hohen Wert in der Fortbildung der Menschheit auf die Naturwissenschaften legt. Sicherlich vermögen sie die Religion nicht zu schädigen, denn sie werden nie die Entstehung des Gedankens und des Selbstbewußtseins erklären können, dagegen wären sie, hätte man ihnen nicht auch den Faustmantel gebieterisch umgeworfen, allein im Stande gewesen, das Verderben, welches die kirchlichen Syste= matiker durch die Heranbildung des Hexenwahnes herbeigeführt, beim Volke zu mildern. Ebenso wird man die Männer begreifen können, welche die öffentliche Schule und Erziehung nicht vorwiegend den Kirchen anvertrauen wollen, weil eben darin noch dieselben Systeme hausen und zur Geltung kommen können, wie damals.

Auch Haß und Rachegefühl lagen manchmal den Anklagen wegen Hexerei zu Grunde. In allen Ehrenkränkungsklagen der Weiber finden wir die Beschuldigung wegen Hexerei. Die Bosheit erfindet manchmal geradezu Thatsachen, um den beabsichtigten Stoß zu führen. So hat nachgewiesener Maßen die Maria Kleinmann wissentlich falsch ausgestreut, die Frau Stettmeister Merkel sei Hexerei halber eingezogen worden. Es war dieses in dem gefährlichen Jahre 1628, wo sie einen rasch als Rauch zu den Wolken des Himmels sandten. Die beteiligten Zeitgenossen selbst bezeichnen den Haß oft als die Triebfeder der Anklage. So protestiert der Schwiegersohn der Frau Maria Fehr (Linderin), Notar Baldauf in Straßburg, gegen das Verfahren des hiesigen Rates, „weil dieser unerweisliche, hochsträfliche, per falsissima narrata unbegründete Handlungen in seinen Bericht eingeschoben, auch privat affectiones angezogen habe (1. Septbr. 1608). Eine spätere Beschwerbeschrift (17. Septbr.) weigert der Rat anzunehmen. Darauf hin läßt Baldauf durch Philipp Baur, welchen er eines Tags in Straßburg ersah, dem Offenburger Rate sagen, daß dieser unredlich wie Schelme und Mörder handle und den Leuten ihr Leben raube. Baur gehöre auch dazu. Überhaupt seien alle Offenburger über einen Leisten geschlagen. Ähnlich wie Baldauf haben Megerer und Baur, wenn wir von Stettmeister Beck schweigen wollen, die Verurteilung ihrer Frauen nur als Akt des Hasses gegen sie selbst dargestellt. Ganz durchsichtig ist der Groll in den Anklagen der Maria Vetter. Arm, fremd und verlassen wurde sie durch die schmachvollen Richter wegen einer wertlosen Traube gefoltert und gemartert, zur Hexe gestempelt und sah den sicheren Feuertod voraus. Empört über die fürchterliche Ungerechtigkeit sann sie in ihrer Hilflosigkeit auf den einzigen Trost, auch reiche Städter in ihr Geschick zu ziehen. Sie giebt die Frau des Silberrad, des Hauptbeförderers der Hexenprozesse und somit Ursächers von ihrem eigenen Unglücke, als Genossin an und will nicht ohne sie sterben. Mit schlauem Ingrimme weiß sie der Frau Gwinner (Bäcker-Else) gleiches Geschick zu bereiten, indem sie den wahnverdummten Bürgern einredet, daß es für sie im städtischen Walde kein Eckerich mehr gebe, so lange diese Frau noch am Leben sei, welche es jedes Jahr abfegen werde. Um die ganze abgefeimte Berechnung in dieser Aussage erfassen zu können, muß man sich die große Bedeutung, welche in damaliger Zeit dem Eckerich zukam, vergegenwärtigen. Es spielte in der Viehzucht die jetzige Rolle der Kartoffel. Im September jedes Jahres ging eine besondere Ratskommission in den Gotts= und Bürgerwald, um den Stand des Eckerichs zu besichtigen und darüber Bericht zu erstatten. Je nach dem Befunde durfte jeder Bürger 1 oder 2 Schweine unentgeltlich eintreiben, während er für jedes Stück über diese Zahl 2 ₰ wöchentlich entrichten mußte. War die Frucht reichlich, so ließ man noch Schweine anderer Gemeinden um 3 ₰ für das Stück in der Woche zugehen. Hatte aber das Eckerich fehlgeschlagen, so mußte man mit andern Gemeinden Verträge schließen. Der Weise wurden am 3. Oktober 1612 viele hundert Schweine, welche man vorher mit Brandzeichen versah, unter Aufsicht des Stettmeisters Kast und des Lohnherrn gegen wöchentliche Abgabe von 3 ₰ für das Stück in die Wälder von Hagenau getrieben. Nun kann man sich vorstellen, welchen Eindruck die Worte der jungen Hexe auf die alten Reichs= städter machen mußten. Sie drangen tief.

Einen wesentlichen Einfluß auf die Erhebung immer neuer Anklagen hatte die Folter, welche man bei dem Streben, den ganzen Hexenbund gründlich auszurotten, nicht allein zur Erlangung eines Geständnisses der Schuld sondern auch zur Erpressung der Angaben von Genossen in ausdauernder Härte anwandte. Da die Martern das verhängnisvolle Schuldbekenntnis zu erzwingen vermochten, so mußten sie auch die Angabe von Mitgenossen abringen. Nur wenige Gefolterte widerstanden, wie die edle Bäcker=Else, die übrigen sorgten den Richtern für neue Arbeit. Nachdem erst der Inquisitionsprozeß, gegen den sich übrigens das Rechtsgefühl des Offenburger Rates ehrenvoll gewehrt hat, eingeführt war, so genügten einzelne solcher Angaben oder ein nach Ansicht der Mehrheit des Rates „allgemeines Geschrei der Hexerei, in welches Jemand geraten war,“ zum gerichtlichen Einschreiten von Obrigkeit wegen und die Prozesse setzten sich kettenartig fort. Auch sogar bei diesen durch die Folter erpreßten Anschuldigungen welche gegen Lebende zu lauten hatten, sieht man oft eine bestimmte Absicht durch. Manchmal geschehen sie zum Troste, Gesellschafter im Unglücke zu erhalten, wie die beiden Mädchen Widerstetter eine besondere

Genugthuung darin fanden, wenn die junge Weib mit ihnen zusammen hingerichtet würde. Diese Gefühlsstimmung war den Richtern so gut bekannt, daß sie dieselbe zur Beschleunigung eines Geständnisses zu benützen suchten. So lassen sie dem Thomas Wittich und der Gotter Neß sagen „wenn sie können fertig werden mögen sie mitgehen", da gerade eine Gesellschaft verbrannt werden soll. Andere Gefangene, wie Frau Mengis und Hans Schertlins Tochter in Appenweier, geben eine Unzahl Genossen an, teils um sich für eben so gut als die andern alle zu erklären, teils um die Verfolgung zur Widersinnigkeit und Unmöglichkeit zu führen.

Wenn nun freiwillige aus Dummheit oder Bosheit entsprungenen oder durch den Richter erpreßte Anklagen vorlagen oder aber eine Verdächtige, wie die Frau Weselin, „die meiste vota wegen beschreiter Zauberei" im Rate erhielt, so gab dieser in seiner durch die Glocke berufenen Versammlung, sofern er die Einziehung der Hexen wegen irgend eines Mißstandes nicht gerade für einige Zeit einzustellen beschlossen hatte, alsbald den Befehl zum Einfangen. Die Festnahme geschah durch 6 bezahlte Männer, welche unversehens in die Wohnung drangen, die Angeschuldigte banden und gefesselt in den Turm trugen. Diese Schergenschaar, welche aus den Turmwächtern und andern Personen von nicht bestem Rufe bestund, brachte furchtbare Bestürzung in das Unglückshaus, was aus der Untersuchung gegen die 6 Vollzugsbedienstete hervorgeht, „welche die Maria Linder in ihrer Behausung haben greifen und in den Turm tragen helfen" und fürgestellt werden, „daß sie in solchem Tumult ein paar Messer mit Silberbeschläg gestohlen". Wahrscheinlich glaubten die Häscher eine Silberzulage zu verdienen, weil ihr Lohn, wie er am 27. Juni 1628 frisch bestimmt worden ist, ihnen nicht hoch genug schien, da trotz der teuflischen Schädigungs= macht der Zauberfrauen nur „Denjenigen Bürgern, so Hexen fangen, Jedem und von Jeder 2 β geben werden soll." Am 10. Juli beschloß der Rat wohl beswegen, weil er erst am 7. d. M. 4 Frauen gerichtet und wegen der Einquartierung ziemlich in Anspruch genommen war, daß mit Einziehung der Weiber nun etwas eingehalten werden soll. Durch diese beiden Ratsbeschlüsse haben vortreffliche Schriftsteller, wie Soldan, sich in kritikloser Entrüstung zu der schauerlichen Dar= stellung verführen lassen, Offenburg habe am 27. Juni Jedem der

eine Hexe einliefere einen Preis von 2 Schillingen ausgesetzt und schon
am 10. Juli diese „fluchbringende Einrichtung" wieder aufheben
müssen. Diese Behauptung beruht auf einem völligen Mißverstande.
Der Verhaftung ging doch immer ein Ratsbeschluß voraus, der nach
Erwägung gesetzlich genügend erachteter Gründe die Einziehung anordnete,
welche ja kein verständiger Mensch in das Gutdünken jedes Beliebigen
legen konnte. Wollte man in der That einmal einen Fangpreis
aussetzen, so hätte dieser bei einem Todesverbrechen doch gewiß höher
als der Wert einer Maß Wein, welche damals beim Spittal 2 ß
4 ₰ kostete, gegriffen werden müssen. Überdies wurde vom 27. Juni
bis 10. Juli 1628 gar Niemand verhaftet und es kann daher gar
keine Rede davon sein, daß „die furchtbare Einrichtung" selbst durch
ihre erschrecklichen Wirkungen ihre eigene sofortige Aufhebung nötig
gemacht habe. Man wird uns daher zugestehen, daß dieses Mal den
hochachtbaren Geschichtschreibern der Kopf mit dem Herzen, welches
durch all den Hexengreul in unmutige Wallung versetzt war, durch=
gegangen ist.

Im Gefängnisse selbst waren die eingefangenen Frauen der
demütigendsten und peinlichsten Behandlung preisgegeben. Stets waren
zwei Wächter in der Haftzelle. Wie diese rohen Gesellen solch ein
armes Weib martern konnten, ersehen wir aus der Anklage des Andreas
Jehle, des einen Wächters der Maria Hoffmann (Pabst), gegen den
andern Wächter Adolf Stoß, welcher erst abends bezecht zu Frau Pabst
gekommen sei und ihr zugesprochen habe, gutes Mutes zu sein, ihr
Mann lasse ihr tausend gute Nacht sagen und wolle Leib und Gut
an sie setzen und sie nicht verlassen, sie möge nur standhaft aushalten.
Die Frau des Beklagten habe, als sie der Päbstin eine Maß Wein
und Gebratenes in den Turm brachte und mit ihr zechte, dem Kläger Vor=
würfe gemacht, daß er immer gegen die Frau Pabst sich so feindlich
stelle, während er doch wöchentlich 10 Batzen verdiene und die Gefangene
sein Brot und sein Mus sei. Der Beklagte stellte alles in Abrede,
brachte aber dagegen vor, daß Jehle die Frau Pabst ganz schändlich
behandle und sie mit ihrem Vater auf das Gröbste beschimpfe, indem
er sich oft äußere, ihrem Vater hätte man 2 Galgen aufeinander bauen
müssen, damit man den großen Dieb hätte daran hängen können.
Das hatte die von ihrem Manne so geschätzte und treu geachtete und

geliebte Frau von dem Hexenhüter hilflos hinzunehmen. Da jeder
Wächter nach Ratsbestimmung vom 9. Juni 1628 täglich eine Maß
Wein erhielt, von den Gefangenen und deren Angehörigen zur Erhal-
tung guter Laune viel mehr eingehändigt bekam und auf eigene Rech-
nung noch zugoß, so mußte diese Gesellschaft durch Betragen und
Unterhaltung für jede feinere Frau eine unerträgliche sein. Diese
Gesellen erzählten meist von den Qualen und den Angaben der früheren
Gefangenen, so daß der Rat sich am 29. Januar 1629 sogar zum
Ausspruche genötigt sah: „die Wächter, so bei den Malefikanten, schreyen
ihre Bekenntnissen aus undt unberichten Selbige, daß sie sollen Leuth
nennen, die schon von andern angeben. Erkannt, daß man ihnen
stark solle zusprechen." Wenn überdies der Rat an die Ortenauischen
Beamten zu schreiben Anlaß fand (13. Dezember 1627), „daß sie
die Ihrigen dahin halten wollen, daß sie nit also ins gemein spargieren,
was etwa für hiesige Leut bei ihnen angeben werden" und bei Thomas
Wittich die ganze Erfolglosigkeit dieser Mahnung sich zeigte, wenn
ein Ortenberger Beamter selbst sagte, es wäre als ob man die Hexenprotokolle mit der Trommel bekannt machte, und wenn bei der Hinrichtung die Vergichten und Angaben der Verurteilten öffentlich verlesen wurden, so darf uns wahrhaftig weder die Entstehung des
„Geschreies der Hexerei" über Jemanden noch die Thatsache, daß die
verschiedensten Gefangenen zu verschiedenen Zeiten eine und dieselbe
Person als Teilnehmer der Versammlungen nennen, fernerhin noch
auffällig erscheinen. Die Gefangenen wurden zur Befolgung des Rats
der Wächter, welche ihnen die Speisen schneiden und eingeben müssen
(S. Haller), um so eher geneigt, als der Nachrichter Meister Mathis
seine Amtsthätigkeit immer mehr entfaltete und rasches Geständnis und
schnelle Angaben baldigst ratsam erscheinen ließ. Gleich im Beginne
und im Verlaufe der Untersuchung mußten sich Frauen und Mädchen
aus verschiedenen Gründen (wir wollen nur an Ursula Baur erinnern),
schamlosen Untersuchungen durch diesen Mann unterwerfen. Nach einer
schadenfreudigen Vorzeigung seiner Instrumente und berechneter Belehrung über ihre Wirksamkeit wurde das gütliche Verhör abgenommen.
In den folgenden peinlichen Verhören trat Mathis erst in volle
Hantierung. Was Frauen von einem solchen Scheusale zu erwarten
hatten, kann man vermuten, wenn man im Ratsprotokoll vom 4. Januar

1631 lieſt: „Weil auch vorkommt, daß Meiſter Mathis mit den durch Strang hinzurichtenden Perſonen (Jakob Roth) ſehr ſchmachvoll und ſchimpflich der . . . halber umgeht, ſoll ihm deswegen ernſtlich zugeſprochen werden." Wie die Unterſuchungen zeigte ſicher die Hand-habung der Folter, welche in den peinlichen Verhören nun eintrat, von rückſichts- und ſittenloſer Gemeinheit. Unter den Torturwerkzeugen, welche er anwandte, finden ſich nur die Daumenſchraube, die Einrich-tung zum Aufziehen des Körpers an den rückwärts gebundenen Armen bei Anhängen ſchwerer Steine an die Füße, plötzlichem Schnellenlaſſen und Wiederaufziehen und als ſtärkſtes der Hackerſche „Stuhl" genannt. Über die Einrichtung des letztern kann bei den Anordnungen, welche man in den Verhören Jakob Linders „wegen des Feuers und Schnürens" am Stuhle traf, kein Zweifel beſtehen. Die Gefangenen wurden auf den mit Stumpfſtacheln beſetzten Eiſenſtuhl feſtgebunden und der Sitz von unten geheizt. So ließ man die Unglücklichen faſt tagelang bis zum Geſtändniſſe martern oder wenn dieſes nicht bald erfolgte, bis zur vollen Erſchöpfung (Haller) oder ſelbſt bis zum Eintritte des Todes (welſch Magdalen). Es erfordert unglaubliche Willenskraft und körperliche Widerſtandsfähigkeit, wenn ein Weib, wie Gotter-Neß, die öftere Wiederholung dieſer teufliſch erſonnenen Qualen bloß zur Darlegung ihrer Unſchuld beſtehen ſollte. Alle anderen zogen dieſem Beweiſe von Heldenmut den Tod vor.

Hatte der allgemeine, im Keime überall vorhandene, bei uns durch das kirchliche Anſehen zur vollen Entwicklung gezogene Hexenglauben in der niedergedrückten ſchwachen Naturkenntnis den günſtigſten Pfleger, ſo fand er überdies immer neue Kraft und Belebung in der Thätig-keit des wahnbeſeſſenen, vom Hexenhammer geiſtig zugeſchmiedeten Folter-Richters. Dieſer gab den Trugbildern erſt den Glanz bewie-ſener Wahrheit. Zu jeder Angeklagten trat er mit der feſten Über-zeugung der Schuld und mit dem feſten Vorſatze energiſcher Erfüllung ſeiner Pflicht, die Frevel an der Hand des Hexenkoder allen Teufels-künſten zum Trotze offen zu enthüllen. Am Ende der gerichtlichen Unter-ſuchung mußte die fertige Hexe mit ihrem feſten und von ihr ſelbſt beſchworenen Bekenntniſſe über Teufelsehe, Hexenſabath und ſchädliche Zauberthaten ſtehen, eher ließ er das Marterwerkzeug nicht ruhen. Wie der befangene und doch zielbewußte Richter ſchon bei ſeinen Erſt-

lingsversuchen in ganz einfache Lebensvorgänge den Teufelsspuk mit
aller Gewalt selbst hineinherte, zeigt auf das Überzeugendste das älteste
Ortenauer Protokoll über die Angaben der Anna Katharine Kreß
(S. 7). Eine Straßburger Händlerin, beschreibt sie mit ihrem Fuhr=
manne Reisevorgänge, wie sie wohl auch heute noch einige der Frauen,
„deren Lebenslauf nur Lieb und Lust und Fahrten über Rhein," schon
in gütlicher Befragung oder auf Tortur erzählen würden. Nachdem
sie, lautet ihre Angabe, mit dem Wagenlenker traute Fahrt und Ruh
geteilt, kam er morgens wiederum. Als er sich erhob, vermeinte sie
fast, es sei ein anderer Mann gewesen. Da nun im Morgenvorgange
kein Grund zur Annahme liegt, daß der Teufel im Spiele sein muß,
so schob später der Richter bei dem Satze: „bald erschien wieder ein
Mann und begehrte an sie, daß sie sein Willen thue" zwischen „sie"
und „sein" durch anders geschriebene Randbemerkung die Worte ein
„sich Gottes und aller Heilige verleugne." Man denke sich nun die
Frau, welche mit dem Manne höchst befreundet ist, soll gar nichts be=
sonderes darin gefunden haben, daß dieser zur Einleitung der weitern
Gunstgewährung nicht weniger als die Verleugnung Gottes ver=
langte, und erst beim Abschiede darüber zweifelhaft geworden sein, ob
es denn auch ihr dienstfertiger Reisegenosse war. Um die so einfach
ausgesprochene Ungewißheit ebenfalls ausgiebig verwerten zu können,
so fügt der Richter wiederum später bei der Angabe „hat sie wahr=
genommen, daß es nit der Mann gewesen" zwischen die beiden letzten
Worte den Zwischensatz „sondern der böse Geist." Wenn dieses zur
Würdigung des Richters noch nicht genügt, so wird es wohl die Hin=
weisung thun, daß der Böse laut Protokoll viel später die Katharine
beim Tode ihres Kindes um Gewährung seines Willens ersucht
und dafür die Einführung in die Zauberkünste verspricht, und daß
sie dadurch hinter die Zauberei gekommen. Am Ende der Bekenntnisse
steht aber ganz unangefochten, daß Frau Kreß Alles, was sie könne,
schon als 14jähriges Mädchen von ihrer jetzigen Mitgefangenen
Anna Schütterlin gelernt habe. Man erkennt, daß im Beginne des
Verhörs die Aufmerksamkeit darauf gerichtet war, durch die Folter
und Fälschung die Hexeneigenschaften der Katharina herauszubekommen,
am Schlusse aber die Absicht gegen die Mitangeklagte ging. Es
erfordert blanke Urteilslosigkeit oder Gewissenlosigkeit, auf solche Ergeb=

niſſe der Unterſuchung eine Verurteilung auszuſprechen. Die gleiche
Verwandlung verſtändlicher, natürlicher Vorkommniſſe des Lebens in
dämoniſche Werke ganz nach der Abſicht des Folterrichters finden
wir noch bei einer Menge von Gefangenen. Ein oder das andere
Frauchen hatte gemeint, ein ihr ganz gut bekannter angeſehener Würde=
träger habe ſie ſeines Umganges gewürdigt und es war doch offenbar
der Teufel, welcher nur dem Herren zum Tort in deſſen Geſtalt
erſchienen war. Unſere Barbara Hartnagel wurde vom Böſen ver=
führt, da er auf und nieder wie der Nachbar Specht ausſah. Bei
Grießens Tochter erſchien der dämoniſche Buhle als deren Lieblings=
ſoldat, während er es bei der Witwe Grünberger wieder für vorteil=
haft hielt, als deren Nachbar Litterſt ſeine Anträge zu ſtellen und die
Witwe Schilling grüßte den Teufel, während ſie ſelber den lieben
Knecht Basler zu ſehen glaubte. Die Unterſuchungsrichter mußten
aber aus allen Geſtalten des Pudels Kern hervor zu beſchwören. Wie
ſie bei den beſten Menſchen Schuld und Bekenntnis hinein= und
herausfolterten, zeigt mit überwältigender Klarheit die Geſchichte der
Offenburger Bäcker=Elſe.

Für die Hexe brachte ſelbſt der Gang zum Tode noch keine
Erlöſung von den Qualen der Menſchen, ſondern noch recht herbe
Pein. Die Malefikanten wurden mit den ſtädtiſchen Burgerhofpferden
auf einem Wagen vor das Rathaus geführt, wo der Stettmeiſter ihnen
die Vergichte öffentlich vorlas. Nun ging der Zug unter Begleitung
des höhnenden Volkes, welches ihnen johlend das „Schellen, Schellen
Sechſer! alte alte Hexe!“ nachrief, zum Neuthor hinaus und am Gut=
leut=Haus vorbei in das Galgenfeld. In Geſellſchaft konnten die
Todesopfer den ſarkaſtiſchen Spott und die Seelenqual noch aufrechter
ertragen, als einſam, daher auch alle Angeklagten dahin trachteten,
auf dem Wege zum Scheiterhaufen vor der ſpottenden Menge nicht
allein zu ſein. Aus demſelben Grunde erſchien es als eine große
Strafmilderung, wenn die Verurteilten nicht „herfür zur Vorſtellung“
an das Rathaus, ſondern ſogleich vom Turm aus unter einziger Be=
gleitung des Schultheißen auf die Richtſtätte geführt wurden, während
die Bürger in der Stadt zu verbleiben hatten. (Jakob Linder, Hans
Georg Baur, Moritz Mendlin.)

Die Hinrichtung ſelbſt geſchah in den erſten Zeiten durch Ver=

brennen der lebenden Hexe, später durch Enthauptung und nachträg=
liche Einäscherung.

Mit der Flamme sogar war der Hexenwahn noch nicht gesühnt.
Die Familie erbte außer dem Verdachte, welcher oft rasch, wie selbst
unser kleines Verzeichnis der Hingerichteten ersehen läßt, neue Opfer
von ihr forderte, noch die Verpflichtung zur Bestreitung ganz beträcht=
licher Gerichtskosten  Sie trafen die Verwandten um so empfind=
licher und machten sie um so unwilliger, als diese selbst manchmal
durch das Urteil mit den darin aufgeführten Geständnissen einer Unzahl
schändlicher Handlungen von der Verworfenheit der Verstorbenen über=
zeugt worden waren und daher nicht einmal mehr den Trost hatten,
einem lieben Angehörigen das Opfer bringen zu müssen.  Über die
Größe der Forderung beklagen sich die meisten Hinterbliebenen und
gewiß nicht ohne Grund.  Fehlt auch für Offenburg eine aufgestellte
Rechnung, so deutet doch manches auf starke Mißbräuche.  So spricht
der Rat am 9. November 1627 dem Pfalzwirte zu, mit Lieferungen
für Gefangene und Hüter keine unnötigen Kosten zu machen und am
26. Juni 1628 „will er die Register und Zedul des Pfalzwirts wegen
der drei hingerichteten Weiblin (2 Widerstetter und Weib) noch für
diesmal passiren lassen, aber hinfür das Überschwenglich nit mehr und
soll die Weibin Ursul (welche durch Zurücknahme des Geständnisses
die Hinrichtung verzögert hatte) die vom Freitag aufgangenen Kosten
allein leiden.“  Von den beiden Wächtern wissen wir, daß jeder neben
der Kost in der Woche 10 ß und 7 Maß Wein erhielt, während der
Scharfrichter für die Verbringung einer Hexe von einem Turm auf
einen andern 10 ß verlangte.  Jeder Träger hatte dabei 2 ß.  Nach
jedem Verhöre hielten die Richter einen Schmaus auf der Pfalz wobei
der trockene Tisch für die Herrn (3. September 1629) mit 4 ß und
für die Boten mit 2 ß berechnet wurde.  Das Bett der Hexe mit
den zugehörigen Federn wird den 13. August 1608 „nach allgemeinem
Gebrauche“ dem Scharfrichter und Foltermeister zugesprochen, am
1. Dezember 1627 jedoch versagt.  Die Wächter schleppten die guten
Kleider der Hexen fort, weswegen Meister Mathis, welcher den Raub
für sich ansprach, sie vorsorglich dem Jakob Linder noch während der
schwankenden Untersuchung hinweg nahm, da er bei seiner kräftigen
Foltermithilfe der Verurteilung jedes Angeklagten sicher war  An die

gefangene Linderin (Fehr) hatte die Stadt bloß für Untersuchungskosten vom Juli 1608 bis September 1609 die Summe von 330 Gulden zu fordern.

Einen genaueren Einblick auf Entstehung und Größe der einzelnen Ausgaben giebt uns eine erhaltene Rechnung für die Angehörigen der 3 am 22. Juni 1595 zu Appenweier lebend verbrannten Frauen. Der Zedul lautet:

„Volgendt was für Unnkosten uff die 3 Weiber zusammen ergangen ist:

Erstlich als des Roten Wolffen Hausfraw gefangen worden, verzert . . . . . . . . . . 2 fl. 9 *β* 10 ♂

Uf den 3. Junius als die 3 Weiber gefangen worden, verzert diejenigen, so sie hinauf (Schloß Ortenberg) begleyt haben . . . . . . . . . 6 fl. 1 *β* 4 ♂

Uf den 3. Junius, als befelch von der Oberkeit kommen ist, die 3 zusammen anzugreyffen, ist verzert worden durch den Schultheiß aus Griesheim Bote und Zwolfer . . . . . . . . . . 2 fl. 2 *β* 8 ♂

In den drei Tagen zwischen Verurteilung (20. Juni) und Hinrichtung (22. Juni) betragen die Kosten für Zehrung der Nachrichter (14 fl. 7 *β* 10), für Morgensuppe, Imbiß des Gerichts, der Priester und des Fürsprechs mit dem Nachtrunk (32 fl. 6 *β* 3) sowie für Unterhaltungskosten der Malefikanten und der Wächter . . . . . . 81 fl. — *β* 7 ♂

Summe   92 fl. 4 *β* 5 ♂

Die Verpflegungskosten während der Untersuchungshaft werden, da deren Dauer nicht für alle gleich, jeder besonders ausgerechnet. Für die am 14. April 1595 auf das Schloß Ortenberg verbrachte Katharina, des Rothen Wolfen Hausfrau, lautet die Rechnung

Turmgeld   . . . . . . . . . . . . . . . . — 5 *β* —

Vom 14. bis 19. April für das Ordinarium täglich ein Batzen . . . . . . . . . . . . — 5 *β* —

„Vom 19. April, als gemelt Katharin übel
aufgewesen und hernacher erster anfangen
zu bekhennen, für Wein und Brod zwischen und
an den Imbissen, sowol auch für Fleischgenuß und
andre Speisen, zu Zeit auch Fisch, so viel und oft
sie gefordert, Iro aus habendem Befelch keinen
Mangel gelassen werden, thut bis auf den 20. Juni
(als dem Tag ihrer Verbringung nach Appenweier)
alle Tage, darinnen das Ordinarium inbegriffen .  8 ℔ 1 β 4 ₰

Bei der Witwe Christine Marggraf wird das
Ordinarum ebenfalls mit einem β berechnet. So=
bald sie aber gestanden hat, ward ihre Verpflegung
so gut, daß sie vier β für den Tag kostet.

Es ist nun sehr schwierig, sich einen annährerend richtigen Begriff
von dem Werte zu machen, den das Geld zu jener Zeit hatte. Wir
kommen vielleicht seiner entsprechenden Würdigung etwas näher, wenn
wir das Wertverhältnis betrachten, in welchem es zu den alltäg=
lichen Lebensmitteln und zur Tagesarbeit stund. Aus diesem Grunde
und weil vielleicht der Eine oder der Andere einen Zusammenhang
der Hexenverfolgung mit Mißjahren vermuten möchte, geben wir eine
Zusammenstellung der hiesigen Preise von Nahrung und Arbeit, so
weit sie uns aus den Hexenjahren Offenburgs zu ermitteln mög=
lich waren.

| | | | |
|---|---|---|---|
| Jahre 1585. Wein die Maß (August) . . . . . . | | | 6 ₰ |
| Hofweierer Wein . . . . . . . . . | | | 5 ₰ |
| Hering . . . . . . . . . | 1 β | — | ₰ |
| 1591. Wein die Maß . . . . . . . . | | | 15 ₰ |
| 1596. Pfalzmehl im November . . . . . . | 2 β | 8 | ₰ |
| 1605. Kalbfleisch das Pfund . . . . . . . | | | 4½ ₰ |
| 1606. Viel Eckerich. | | | |
| 1607. Eckerich „vom Winde" abgefegt. | | | |
| Wein . . . . . . . . . . . . | | | 10 ₰ |
| 1608. Nirgends Eckerich. | | | |
| 1610. Teuerung. | | | |
| Sester Korn im März . . . . . . . | 10 β | — | ₰ |

Großer Herbst. Wein gut. Das Spital
füllt die großen Fässer.

Wein der beste: die Maß . . . . . . . 10 ₰
Über die Straße . . . . . . . . . 7 ₰
In der Schenke . . . . . . . . . 8 ₰

1611. Die Weinblüte viel versprechend. Das
Spital kauft Fässer und zahlt die Ohm Faß   2 β   4 ₰
Herbst am 19. September. Maß Wein   6 ₰

1612. Kein Eckerich. Dreihundert und dreiund=
dreißig Schweine in die Hagenauer
Wälder getrieben. Ohm Wein 2 fl.

1613. Maß neuer im Oktober . . . . . . 13 ₰
Im März 1614 . . . . . . . . . 11 ₰

1614. ℔ Jungkalbfleisch 3—4¹/₂ ₰
Ochsenfleisch 3 Kreuzer = 6 ₰
Rindfleisch 6 ₰
Der Teuerung der Früchte vorzubeugen
Verbot der Ausfuhr.
Neuer guter Wein, Maß . . . . . . 10 ₰
geringerer . . . . . . . . . . 8—9 ₰

1615. Januar: Dem Häusler Michel wird eine
Tonne Hering für unbrauchbar erklärt
und in das Wasser geworfen.
Neuer Wein die Maß . . . . . . 11 ₰

1616. Februar. Ohm Wein 16—17 β
Maß Wein auf die Gasse . . . . . 11 ₰
Kalbfleisch bis Martini 6 ₰ und dann
5 ₰ das Pfund.
Kuhfleisch 4 ₰ gemästetes 4¹/₂.
Rindfleisch 5 ₰
Hammelfleisch 6 ₰

1617. November. Neuer Wein die Maß . . . 5 ₰
1618.    „       „    „  „   „  . . . 7 ₰
         „    Fürnehmer . . . . . . 10 ₰

1619. Fleisch von Ochsen, welche wenigstens
60 ℔ Unschlitt gaben, gilt 6 ₰ das
Pfund; von solchen, die weniger liefern,
5 ₰

Der Rotwein, die Maß . . . . . .      9 ₰

1620. Laib Brot 5 ₰ Das Pfennig=Weißbrot
soll 10 Lot wägen.

1621. November. Neuer Wein Maß . . . .  1 β  2 ₰

1622. Februar.  „  „  „  . . .  2 β

Juli: Ochsenfleisch 16 ₰, gutes 2 β
Zentner Unschlitt 40 fl.
Sester Mehl 6 β 8 ₰

Wein auf die Gaß die Maß . . . .  3 β
November. Kalbfleisch 20 ₰. Hat die Kuh
unter 30 ℔ Unschlitt, so das Pfund 1 β
6 ₰, sonst 20 ₰

1623. April. Gutes Ochsenfleisch 4 β. Schwarz=
brot 3 β. Pfalzmahl für die Stettmeister
18 β!

November. Wein über die Gasse . . .  1 β  8 ₰
Der Taglohn ward bei dieser Teuerung
auf 3 β 4 ₰ festgesetzt. Ein Paar Schuhe
kostet 1 ℔ 2 β. Ein Drescher erhält vom
Viertel Roggen 4 β, vom Viertel Hafer
2 β 8; ein Hering steht auf 4 ₰
Neuer Wein über die Gasse . . . . .  1 β  4 ₰
  „  „  in der Schenke . . . . .  1 β  8 ₰
Der Schlag für die Ohm ist auf 25 β
festgesetzt.

1624. Gassenwein . . . . . . . . . . .  1 β
Wirtswein . . . . . . . . .  1 β  2 ₰
Laib Schwarzbrot 6 ₰

1627. Dezember. Viertel Waizen 3 ℔ 1 β
          Korn 2 ℔ 11 und 12 β
Kreuzerbrot 10 Lot.

November. Der Weinschlag für Bergwein
1 ß und für Feldwein 19 ß

Maß Wein auf die Gasse . . . . . 1 ß

,, ,, in der Schenk . . . . . 1 ß 3 ₰

1628. September. Maß Wein . . . . . . 2 ß

Gassenwein . . . . . . . . . . 20 ₰

Alter Spitalwein . . . . . . . 2 ß 4 ₰

Oktober. Sehr wenig Eckerich.

1629. Herbstanfang 26. September.

Maß Wein . . . . . . . . . 1 ß

1630. Weizen 6 fl. 6 ß, Korn 5 fl. 6 ß.

Zweipfennig Brot wiegt 8 Lot. Laib
Schwarzbrot 11 ₰. Weiße Kreuzerbrot
10 Lot.

Juli. Wein die Maß . . . . . . . 1 ß

Wein in der Schenke . . . . . . . 1 ß 4 ₰

Herbst 25. September.

Rot Bergwein die Ohm 12 ß

Feldwein 11 ß

Wein auf Gasse Maß . . . . . . 1 ß

Wirtshaus . . . . . . . . . . 1 ß 4 ₰

1631. April. Mastochsenfleisch 7 ₰

Kalbfleisch 5 ₰

Juni. Wein auf die Gasse die Maß . 7 ₰

Wein im Wirtshause . . . . . . . 9 ₰

Laib Brot . . . . . . . . . . 6 ₰

November. Wein auf die Gasse . . . 5 ₰

Wein in der Schenke . . . 7 ₰

Leib Brot 5 ₰, Weißbrot für Kreuzer wiegt
18 Lot, Mastochsenfleisch 7 ₰, Mittel=
fleisch 4—6 ₰

1632. Oktober. Wein auf die Gasse . . . . 10 ₰

Ohm 16 ß. (Im Mai kostete die Maß
Wein über Gasse 6 ₰) Laib Brot 5 ₰

Wenn wir aus dieser Preisliste den Offenburger Ansatz von
1596 für ein gutes Herren=Pfalzmahl mit 2 ß 8 ₰ nehmen und

uns die Rechnung für Zehrung der Richter und Priester am Hin=
richtungstage der 3 Appenweierer Weiber betrachten, dann sehen wir
uns allerdings zur Annahme gezwungen, daß außerordentlich geschwelgt
worden sein muß, wenn die Rechnung mit 32 fl. 6 β 3 ₰ gebilligt
werden konnte. Gegen Hexen und ihre Angehörigen kannte man nicht
die mindeste Rücksicht. Das Erscheinen der Hexerei in einem Hause
behandelte man wie das Auftreten des Feuchtschwammes; man ruhte
nicht, bis der ganze Boden ausgerissen und die Grundmauern ausge=
kratzt waren.

# IV.

## Herenboden.

In all unsern Herenprozessen, in deren Gang und Inhalt erhaltene Untersuchungsakten klare Einsicht gestatten, finden wir trotz ihrer Entkleidung von allem Wunderwerke immer noch einige arg befremdende Erscheinungen, welche uns um so mehr erstaunen müssen, als sie von den damaligen Richtern ohne Anstand und Zaudern wie selbstverständlich hingenommen und selbst erwartet und verlangt wurden. So gaben die Frauen als Grund ihrer Zugänglichkeit für die Verführung freundlicher Versprechungen bei den Bekenntnissen vielfach das traurige Gefühl hilfloser Verlassenheit an, in welches sie die tägliche Mißhandlung und Gewaltthätigkeit von Seite ihrer Ehemänner versetzte. Aber selbst dann noch muß die Leichtfertigkeit, womit sie sich dem nächsten Fremden vertrauen, uns im höchsten Grade verblüffen, wie nicht minder die unbedenkliche Bereitwilligkeit, womit sie für einen ihm erwiesenen Liebesdienst gleich auf sein Geheiß hin ganz gelassen Gott und die Heiligen abschwören. Bei der Mehrheit der Zauberinnen zeigt sich auch — wohl aus Rücksicht für die Männergesellschaft — ein auffälliger Herzenszug nach Kellerfahrten. Das alles kann seinen Grund und Boden nur in den Sitten jener Zeit gehabt haben und zwingt uns einen nachspürenden Blick auf die einschlägigen Zustände Offenburgs in den entsprechenden Jahrzehnten zu werfen.

Aus dem früheren Kinzdorf war längst eine deutsche freie Reichsstadt hervorgewachsen. Ihre Zuversicht war gewöhnlich größer als ihre Macht. Auf einem Städtetag zu Worms im Mai 1612 rang sie hart mit Schweinfurt um den höhern Sitz, mußte jedoch,

da die Gegnerin die Oberhand behielt, wenn auch zürnend und mit
Einsprache, die „uneinleßte" sißen. Treu hing sie, österreichische
Gelüfte stetig abwehrend, am heiligen römischen Reiche und der
römischen Kirche. Strenge wacht sie über das Glaubens=
bekenntnis der Anziehenden. Schon am 19. April 1591 faßte
der versammelte Rat den einheitlichen Beschluß, daß fernerhin ohne
alle Rücksicht auf adeligen oder bürgerlichen Stand keiner als Bürger
angenommen werden darf, welcher sich nicht zur wahren römischen
Kirche bekenne. Jeder, welcher um Bürgeraufnahme einkam, mußte
nun mit einem Eide beteuern, daß er der katholischen Religion huldige.
Der edle, feste Friedrich Baumann, der hier begütert war und sich
erst verheiratet hatte, wurde als Protestant mit seinem Gesuche um
Bürgerrecht abgewiesen, so gerne man auch den tüchtigen Bewerber
zum Mitbürger ernannt hätte. Adam Beurlin zeigte zwar die
Urkunden vor, daß er katholisch geworden, erhält aber nur Aussicht
auf das erbetene Bürgerrecht, wenn er dasselbe auch von seiner Frau
nachweisen könne. Bei den Bürgern selbst wurde die Glaubensfestigkeit
scharf beobachtet. „Mit nicht geringem Mißfallen mußte der Ehrbare
Rat lange im Stillen beobachten, wie manche mit Verachtung der
alten wahren Religion die österliche Kommunion nicht hier, sondern
in benachbarten unkatholischen Orten verrichteten und mit eitelm
Gerede die Gemüter der Einfältigen verwirrten und Weib, Kind und
Gesind verführten." Sogar unter den städtischen Wächtern und
Bediensteten gab es solche, welche „wie das unvernünftige Vieh"
etliche Jahre ohne Gebrauch der hochheiligen Sakramente verblieben.
Auch nahm die Behörde wahr, daß etliche, die der katholischen
Religion nicht mehr zugethan, ihre Weiber und Kinder troßdem zur
Empfangnahme von Kirchenspenden und Almosen katholischer Stiftungen
schickten. Der Rat entzog daher allen, welche sich der Kirche ent=
fremden möchten, die Unterstüßungen und forderte von den Bediensteten
kurzweg sofortigen Gang zum Abendmahl, wenn sie nicht entlassen
sein wollten. Als erstes Opfer fiel der sectische Zoller Georg Fibler,
welcher „seiner widerwärtigen Religion halber" seines Amts entsetzt
wurde. Andere Bürger wie Lienhard Ittelhäuser und Erhard Schmidt,
welche man auch zur Rede stellte und zum katholischen Glauben zu
drängen versuchte, bekannten den protestantischen Glauben und verließen

die Stadt. In peinliche Lage gerät Michel Küfert Witwe, welche sich bereits anderwärts verheiratet hatte und um Erlassung ihres Bürgerrechts nachsuchte. Sie wurde, weil sie dem Ratsdekrete zuwider in Willstädt den Kirchgang gehalten hatte, nicht nur wohlverdient um 5 ℔ bestraft, sondern mußte auch ihr Knäblein und sein Vermögen in Offenburg zurücklassen. Selbst dem Kinde, welches sie unter dem Herzen trug, bestritt man das künftige Erbrecht.

Auch im Tode sollte kein Irrgläubiger die Einheit stören und es wurde daher jeder Soldat, welcher nicht klar seine Religion bewiesen, nicht auf den Kirchhof, sondern in den Klostergarten begraben.

Denselben redlichen Eifer wie bei der Fernhaltung jeder Ketzerei zeigte der Rat auch im Streben, die reingläubige Bürgerschaft in der Erfüllung ihrer kirchlichen Pflichten warm zu halten. Nach jeder Osterzeit sandte der Kirchherr die Beichtzettel dem ehrbaren Rate mit der Aufforderung, sie fleißig durchzugehen. Die Stadtherren machten nun eine sorgsame Zusammenstellung und sandten sie mit dem Auftrage an die Zünfte, jeden Angehörigen, der nicht gebeichtet hatte, anzuzeigen. Die herausgefundenen Säumigen wurden alsbann zur Verantwortung in das Stadthaus geladen. Jeder suchte sich in Schülerart zu entschuldigen. Mochte aber auch Hans Fer gerade am Festtage durch einen heftigen Zorn, Michel Herwert dagegen zu seinem großen Bedauern durch den unvorsichtigen Genuß unerlaubter Speisen sich den Zutritt zum Abendmahle unmöglich gemacht und Thurnecker seinen schäbigen Mantel und die fadenscheinige Hose für unwürdig der hohen Handlung gehalten haben: der Rat ließ ihre Gründe keineswegs gelten und steckte die lässigen Beichtkinder auf 3 Tage in den Turm mit der Aussicht auf mehr, wenn sie nicht inner 14 Tagen die Beichte abgelegt haben würden.

Die Beobachtung der Fastenregeln war eben so strenge beaufsichtigt. Wer in der geschlossenen Zeit Kalbfleisch aß, wurde durch Strafe von 5 ℔ von selbst auf den Weg der Enthaltsamkeit geführt. Sogar während der Besetzung durch die Schweden, wo man bei der Not nicht genugsam Fastenspeisen aufbringen konnte, vergaß die städtische Behörde nicht, den Kirchherrn um Dispens anzugehen. Dieser gestattete nicht nur allen, bei denen Schweden im Quartier

9

lagen, Fleisch zu kochen und zu essen, sondern erlaubte nachsichtig diese Speise auch jenen, welche nichts anderes zu essen hatten. Doch mußte man die Genehmigung des Ordinariats abwarten.

Damit kirchlicher Sinn und wahrer Glaube in die Jugend gepflanzt würde, ließ man in den Angelegenheiten der Schule hauptsächlich die Geistlichen walten. Sie vermittelten die Berufung der Lehrer und bestimmten die Bücher, welche man von den Jesuiten bezog.

Die Regierung selbst hatte als obersten Vertreter einen durch die Zwölfer lebenslänglich gewählten Schultheißen, an dessen Seite der Syndikus und der Stadtschreiber. Sie lag in den Händen des Rates, dessen eine Hälfte in der Weise eingesetzt wurde, daß jede der zehn Zünfte (1. Junker und Constoffler, 2. Schmiede, 3. Kärcher, 4. Schneider, 5. Rebleute, 6. Bäcker, 7. Schuhmacher, 8. Metzger, 9. Weber, 10. Fischer) 3 Mitglieder vorschlug, deren eines der Rat auserwählte. Die andere Hälfte wurde vom Rate ernannt. Die Behörde übergab jährlich die bes. Verwaltungszweige an die einzelnen Mitglieder. Die Executive war 4 Stettmeistern und dem Schultheißen übertragen, welche auch die Kriminaluntersuchungen zu leiten hatten, während das Urteil vom gesamten Rate gefällt ward. Die beiden städtischen Geistlichen waren als Schulherren geborene Mitglieder des Rates.

Die Sittlichkeitspolizei wurde sehr strenge ausgeübt. Die Art der Aufspürung eines längst begangenen Vergehens durch die Stettmeister beleidigt manchmal das Anstandsgefühl. Die Strafen sind meist demütigend und hart.

Wie folgerichtig und ausdauernd auch die Behörde in diesen fünfzig Jahren ihre Ansichten und Absichten zur Ausführung brachte, so vermögen wir doch kaum einen günstigen Einfluß auf Bildung und Sitte des Volkes zu erkennen.

Die Jugend zeigt eine unsägliche Rohheit. Schon der alte Stettmeister Däbinger klagt im Rate über „die ungezogene Jugend und ihr greuliches Gotteslästern und Schwören" und fordert die Schulherren auf, bei Kindern und Eltern, sowie Lehrern dem Unheile zu steuern. Am 29. Nov. 1600 erlassen Schultheiß Meister und Rat ein großes Manifest. Nach bitterer Klage über Mangel an Gottesfurcht bei Jung und Alt, über Vernachlässigung des Gottesdienstes, hochsträfliches Fluchen und Gotteslästern, über Mißbräuche bei Heiraten und Hochzeiten, Handel und Fischen und Jagen erklärt sich darin der ehrbare Rat vor Gott und der Welt verpflichtet, solche Mißbräuche zur Ehre des Allmächtigen und zur Abwendung seines Zornes und künftiger Strafe abzuschaffen und verkündet:

1. Pflicht zum Besuch von Sonntagschristenlehre, weil die Jugend in Sünden, Bosheiten und Lastern, von Tag zu Tag zunehme und die Gottesfurcht nicht nur der Anfang aller Weisheit, sondern auch eine hauptsächliche Aufpflanzung und Erhaltung gemeiner Polizei und bürgerlichen Wesens sei."

2. Während des Amtes, der Predigt und der Christenlehre soll sich die Jugend der Gassenspiele, des Tanzes und anderer Kurzweile enthalten und, wenn sie nicht selbst in die Kirche will oder kann, zu Hause verbleiben.

3. Während des Gottesdienstes soll an Sonn= und Festtagen kein Markt gehalten werden, da sonst Stadt= und Landvolk meist auf dem Marktplatze bleibt, statt in die Kirche zu gehen.

4. Weil sich auch an Sonn= und Festtagen manche gelüsten lassen, während der Kirchzeit in den Pasteten= und Wirtshäusern zu zechen und zu schwelgen oder aber unter den Thoren unnützes Zeug zu schwatzen, in das Feld zu gehen, zu fischen und zu jagen und gelegentlich Früchte zu pflücken, so wird dieses alles zur Zeit des Gottesdienstes untersagt.

5. Im Freien und Heiraten haben sich grobe und unzuverläßliche Mißbräuche gebildet, so daß nicht allein diejenigen, welche sich im Witwenstande befinden, sondern auch die, welche als Jungfrauen sich versprechen, erst unzüchtig sich einlassen und dann erst ihrer Verbindung in öffentlichem Kirchgange den göttlichen Segen erbitten. Dies wird „mit höchstem Ernst" untersagt und wer sich nach solchem Übersehen dennoch im Jungfrauenkranze zum Altare begiebt, soll unnachsichtlich in Turm und an Leib und Geld gestraft werden.

6. Wer sich aber aus vorigem Grunde in unkatholischen Kirchen einsegnen läßt, verliert seine Bürgerrechte.

7. „Derweil anjetzo leider bei Weib= und Mannspersonen eine solche abscheuliche Gewohnheit, Gott und seine Heiligen mit Fluchen und Schwören zu lästern, in Schwung gekommen, so soll das Decret vom 4. Mai 1599 wieder verkündet sein, wo=

nach alle Hausväter oder Hausmütter, Kinder, Gesind und Hausbe=
wohner von diesem üppigen Gottesläftern abzuhalten haben und
Jeder, der solche Flüche hört, unbedingt beim regierenden Stettmeister
Anzeige machen soll."

Aber selbst dieses ernste Gebot scheint keine Wirkung gehabt zu
haben. Man verkündet es im März 1606 wieder und im Septbr.
1608 läßt der Rat „wegen des vielfältigen Fluchens, auch des
schändlichen Wortes Hundsflugs," welches jetzt erst in Gebrauch
gekommen zu sein scheint, auf den Zünften verkünden, daß man es
bei Strafe nicht mehr dulden werde. Die Buben laufen eben doch
aus der Predigt und die Bettelvögte müssen sie fangen und mit
dem Stecken klopfen. Ebenso ließen sich die Roßbuben, welche jährlich
am Pfingstmontag frühmorgens mit einer Trommel umzogen, sich
weckten und unter Absingung eines gottesläfterlichen Liedes einen
Tanz aufführten, durch ein Verbot die Freude nicht verderben und
erlitten eher Turmstrafe. Im Januar 1625 muß man das Geschrei
und Spielen auf den Straßen während des sonntäglichen Gottesdienstes
noch ebenso besonders mit Strafe bedrohen, wie im Jahre 1600.
Im Jahre 1626 (März) brachte der Stettmeister klagend vor, daß
die Jugend täglich mit Schwören, Johlen und Schreien und anderen
Vergehen bis in die Nacht hinein ein üppiges Leben auf den Gassen
führe. Man beschloß, wenn die Mahnung durch die Eltern nichts
nütze, die Jugend in „das Narrenhäusel" zu stecken. Auch das Jahr
1627 hatte noch keine Besserung gebracht, da man die Buben wegen
ihres Geschreies unter der Pfalz zur Christbescherung in dasselbe Verlies
zu sperren androht. Im Jahr 1631 machen die Jungen am 24.
Juni im faulen Pelze und in andern Winkeln der Stadt Feuer,
werfen die Feuerfunken und tragen die brennenden Scheiter feuer=
gefährlich in der Stadt umher.

Alle Gebote verhinderten den jungen Schäfer nicht, zweiund=
zwanzig Fischdiebstähle zu begehen, obgleich er der Enkel eines Zwölfers
war und es gab ihm daher der Sohn des Meßners nichts vor, wenn
er das Geld vom Altare wegstahl. Der Knabe des Schulmeisters
Runcius, dessen Erziehungskunst die weinselige Küsterin niemals hoch
anschlug, pißte trotz der Schläge von dieser Frau auf dem Kirchhofe
in einen Weihwasserkessel. Während seine Kameraden in der Pfarr=

Kirche auf dem Lattner sich rauften, schlug der junge Häusler im Kloster bei der Ostermette gar den Beichtstuhl zusammen.

Es zwitschern die Jungen, wie die Alten gesungen. Welchen Ton diese anschlugen, können wir der Rede der Frau und des Hans Uhlin entnehmen, welche meinte, daß Maria eine Kindswärterin*) sei, wie sie selbst. Man soll doch nicht so viel Wachs in die Kirche geben, sondern lieber den Schneidern, welche die Fäden damit wichsen könnten. Ihrem Manne, welcher seit 8 Jahren nicht mehr gebeichtet hatte, weil er nichts als Haß und Neid gefunden haben wollte, wurde nun aufgegeben, sich — wohl mit der Frau — vor dem Kirchherrn zu stellen und inner 8 Tagen Schein über Kommunion zu bringen. widrigenfalls er des Bürgerrechts für verlustig erklärt würde. Mit der Witwe Bätz verfuhr man kürzer. Sie hatte sich, als von der Kanzel das Fest der Maria Magdalena verkündet wurde (im Juli 1609), bitter geäußert, ob man diesem losen Weibe*) noch einen besonderen Feiertag halten und die Leute bei so gutem Wetter der Erntearbeit entziehen müsse? Sie wurde eingetürmt und sofort der Stadt verwiesen.

Wenn der Rat auch unbedingt dem katholischen Glauben ergeben war: das vielversprechende Trosteswort des Welterlösers, daß vor Gott die Menschen alle gleich, fand bei ihm keine Anerkennung. Nimmermehr konnte er sich vorstellen, daß bei dem Herrn der Offen= burger Schultheiß nicht mehr als ein ortenauischer Beamter gelten sollte. Der erst gewählte Schultheiß Jakob Wydt mußte daher trotz aller seiner Entschuldigungen Ende März 1619 ein Pfund Strafe zahlen, weil er an Pfingsten beim Kirchenopfer den Amtmann vor= treten ließ. Dieser Rangstolz der Männer fand großen Anklang in den Frauenseelen. Mit Neid sah schon lange die Frau Amtmann Behr, daß der geschlossene Kirchsitz der Frau Rat Däbinger hübscher gelegen, als der ihrige. Die Besitzerin trat ihn aber nicht ab. Darob klagte die verletzte Frau Amtmännin täglich ihrem Gemahle. Kurz entschlossen folgte dieser dem Beispiele des jungen Heußler. Wie dieser in der Ostermette, um die Beichte loszubekommen, den Beichtstuhl zusammen= hämmerte, so ließ er, um den Jammer seiner Frau nimmer hören

---

*) Die starken Ausdrücke des Originals sind nicht wiederzugeben.

zu müssen, durch seinen Diener einfach die Thüre an dem Kirchenstuhle der Frau Dädinger zusammenschlagen und dem Herrn Rate hinter das Haus werfen.

Diese eingewurzelte Lust zur Schmachrede und die Neigung zur rohen Gewaltthätigkeit zeigte sich, wie man vornherein vermuten wird, in dem täglichen Verkehre der Menschen gerade so. Die Frauenzunge ist da stets kampfeslustig. Neben den gewöhnlichen Schimpfreden schnellt sie manchmal auf die Gegnerin die Worte „Hexe, Mannsverderberin, Schreibermensch, Münchshure oder Pfaffenroß" als vergiftete Pfeile ab. Wenn diese nicht genug sitzen, so fliegen wie bei Frau Fiebler und Vollmer die Häfen nach, oder es beginnt ein Ringkampf, worin die später verbrannte Frau des Wilhelm Ott gegen ihre Schwägerin Gustenhofer, so wie Emilie Magenzapf gegen Margarethe Weib anerkennenswerte Behendigkeit entwickeln. Die Frau Vollmer fürchtet sich gegen überlegene Kräfte nicht und schlägt sich mit dem Hans Wacker und seiner Frau und giebt dem Hans noch einen Tritt zum Abschiede. Bei den Männern, welche sich besonders Dieb, Schelm oder Hundsflugs schelten, folgt immer auf die erste schiefe Entgegnung eine „Maultasche" oder ein Schlag mit der Flaute (Flitsche). Diese Gesellschaftsregeln gelten nicht nur für niedere Stände, sondern ebenso für den erzbischöflichen Rat Müller, wie für die Constoffler und Junker, welche sich wegen eines Tanzes mit den Rebleuten und wegen eines politischen Wortes mit den Bürgern herumschlagen. Die Gesetz-geber selbst handeln gegen ihre eignen Verordnungen. Der Stettmeister Joh. Schmidt bedient sich in einer Ratssitzung, weil sein Bruder in einem kleinen Civilstreite zur Bezahlung von 7 Batzen verurteilt wurde, so schmutziger Schimpfworte, daß man ihn aus den Versammlungen ausschloß und später absetzte. Eine kurze Unterredung zwischen Rat Hans Georg Bauer und Stettmeister Wesele auf der Pfalz endete, wie schon berührt, damit, daß jener dem Gegner eine an das Ohr schlug und dieser ihm mit der Wehr die Hände verwundete. Der Stettmeister sühnte, obgleich er nur „aus Bewegnis" gehandelt hatte, die That mit 10 und der Rat mit 2 Pfund. Schläge dagegen, welche dem strengen Rate aus Respektsgründen am Platze schienen, achtet er nicht groß. So wurde die Klage des Jakob Hofmann nicht zu dessen Gunsten entschieden. Er war Knecht bei Klaus Höflin. Unwillig

über dünne Kost und dicken Dienst wünschte er einmal, daß der Hagel
dareinschlagen möchte, „der Herr wäre doch ein Sakramentshungerleider."
Höflin schlug ihn darauf stracks mit dem Bindbengel zu Boden und
arbeitete ihn mit den Fäusten noch tüchtig durch. Der Richter betrachtete
dieses offenbar nur als eine väterliche Zurechtweisung und gab dem
Kläger auf, wenn sein Herr wolle, den Dienst auch ferner zu versehen.
Hie und da giebt die geringe Schlägerei dem Rate nur Gelegenheit,
andere wichtigere Vergehen zu bestrafen. Dessen wurde Hans Wanlaw
inne. Eines späten Abends becherte er im Adler wohlgemut in
Gesellschaft des Harfenisten Wendelin Schwarz, dessen Stammbaum
auf dem nächsten Aste einen Schneider trug. In dem Scherze, den
Wanlaw mit dem Trinkgenossen trieb, brachte er vor, nur wann man
sage, die Leute kämen aus der Kirche, zählten auch die Schneider
als Leute. Wenn auch die Meisten über die Nadelkünstler witzeln,
ein Harfenist kann doch vor einem Schneider alle Hochachtung haben,
besonders wenn es sein Vater ist. Das war auch wirklich bei Schwarz
der Fall und er fühlte sich daher durch jene Worte schwer gekränkt.
Als sein Gesellschafter das Zimmer verließ, folgte er ihm, um ihn
zur Rede zu stellen, auf die Straße. Da müssen sie wohl eindringlich
zusammen gesprochen haben, denn wie der Harfenist in die Stube
zurückkam, hatte sich die Bläue seines Künstlerauges über Augenlied
und Wange weiter ergossen. Als auch Wanlaw wieder eintrat, um
den Eindruck zu sehen, welche seine vom Musiker schnell aufgefaßten
schlagenden Gründe von der Ansicht über Schneiderwürde auf diesen
augenscheinlich gemacht haben mußten, da erhob sich der Harfenist und
warf ihm zum Sühnesgruße 4 Gläser entgegen. Der Rat, welchem
der Handel zur Entscheidung vorgelegt wurde, hielt die Unterredung
für jeden der Beiden 5 Batzen wert, „weil aber Wanlaw in seinem
Durmel nicht ahnte, daß das Sakrament an ihm vorbeigetragen
ward, und andrer Religion, es auch sonst nicht recht verstund, soll
er über die Nacht in Turm."

Diese Ehrenkränkungen und Schlägereien sind so häufig, daß der
Schultheiß Festsetzung einer hohen Strafe dagegen verlangt, weil bei
solcher Überhandnahme des Schändens und Schmähens das ehrbare
Gericht fast ausschließlich nur „solche Famossachen" zu verhandeln habe.

Ließen der Zorn, Ärger und Haß sich zügellos gehen, so blieb

auch die Liebe nicht auf der eingefriedigten Bahn. Die Stettmeister
hatten recht zu thun, alle Vergehen gegen jungfräuliches Verhalten
aufzuspüren und vor den untersuchungsfreudigen Richter zu bringen.
Je bei Zeiten werden die blüteberaubten Mägde auf die Kanzlei geladen.
Da giebt es nun vielerlei zu fragen. Nach dem Stande des Ver=
führers ist der Richtspruch verschieden. Ist er noch ledig, so tritt der
Rat als Ehestifter auf. So heiratet Jakob König nach Erlegung
einer Strafe von 5 Pfund im August 1601 sein gefälliges und
gefallenes Dienstmädchen. Daß er schon mit Lienhard Stehlin in
Schlägerei und Rechtsstreit geraten war, hat über die junge Frau
schweres Unheil gebracht. Schon im selbigen Jahre wurde sie von
Silberrad, dem Freunde Stehlins, verfolgt und bald als Hexe ver=
brannt. Ein günstiges Wahlrecht wußte sich Hans Steinlins Sohn
zu erwerben. Er verführte mit Erfolg mehrere Mädchen. Eingetürmt
überlegt er sich die Vorzüge seiner Geliebten und erklärt sich endlich
erbötig, die Schweizerin zu heiraten, worauf er entlassen wird. Gleich
erfolgreich wie bei König und Steinlin war übrigens die Bemühung
des Rates nicht immer. So wird der Wollenweber, dem des Georg
Schmalz Tochter den Schlag zweier Herzen verdankte, nachdem er im
Turme gesessen, seiner Trauten gegenüber gestellt. Er gesteht die That
und sein Eheversprechen, behauptet aber das Mädchen als Frau nicht
brauchen zu können. Man bringt ihn auf einen Tag in das
Gefängnis zurück und läßt den Kirchherrn zur Trauung rufen. Da
weigert sich der Wollenknapp erst recht. Man weiset nun das Mädchen
aus der Stadt. Maria Wagner und Anna Bruder werden dagegen
auf ihre Bitte der Armut wegen zur Strafe für das gleiche Vergehen
nur in die Drill gestellt, während Ursula Kempf nach 4 Tagen
Gefängnis und die Barbara Uhle mit ihren 2 Kindern sofort die
Stadt verlassen müssen. Wenn keine Ehe zu stiften war und auch
die Angeklagten kein schreiendes Unheil gestiftet hatten, begnügte sich
oft der Richter mit der genehmen Ergötzlichkeit seiner Enthüllungen.
Dem Provisor Ludwig Hütlin, welcher sich, obgleich er Geistlicher,
mit seiner Köchin verdächtig gezeigt, kündigt man zwar sein Amt und
weist ihn dann aus; mit dem Prediger Zander nahm man es jedoch
nicht so scharf. Er zechte oft mit Frau Klein und diese wieder bei
ihm und man sah das Weibchen manchmal bei Nacht wie einen Geist

im weißen Gewande aus dessen Wohnung huschen. Der Rat
hielt eine Warnung an die Frau für angemessen. Auch die Haus-
ordnung im Kloster nahm die Aufmerksamkeit der Nachbarschaft
und des Rates in Anspruch. Das Thor an der Kirche blieb immer
auf und ein Hinterpförtchen diente manchmal zu nächtlichem Ein- und
Ausgang. Der Guardian wußte manche Gründe dafür anzugeben, der Rat
aber meinte, daß die Hinterpforte geschlossen und die Köchin nach der
Ordensregel abgeschafft werden müßte. Das Kirchenthor stund aber
nicht umsonst auf, denn der frühste Morgen weckte da zwei Mädchen
zum heiß erwarteten Gange in das Gotteshaus. Magdalena, des
verstorbenen Barbiers Siegfried Tochter, und Cancra, die liebevolle
Erbin des Apothekers, eilten beim ersten Tagesgrauen in die Kloster-
kirche und brachten dem Pater Christoph und dem Pater Marx Milch
zur Labung in den Klostergang. Der Bund wurde innig und Marx
suchte die kleine Cancra auch in ihrer Wohnung auf. Wenn er hier
2 Maß Wein getrunken, verfiel er mit unschuldigem Sinne in kindliches
Spiel. Sie machten, wie die Kleine erzählte, „Katze und Mäuschen"
und er miaute Cancra in die stille Nebenstube. Eines Abends teilte
er auch der Freundin mit, daß er mit Christoph nach Gengenbach
gehe. Magdalena war bei diesem Ausfluge die Geleiterin des guten
Christoph. Der Lohnherr Käser sah sie von der Straße aus mitten
durch das offene Feld hingehen, hielt sie aber nach ihrem Gebaren
für einen Satyr mit lusterregter Nymphe. In Gengenbach hatten
beide Pärchen traute Stunden. Dem Guardian schreibt daraufhin
der Rat, er möge aus dem Männerkloster die Frauen weglassen.
Fräulein Cancra erhält 2 Tage Turmstrafe — für die Katze. Der
Magdalena legt man auf, inner 14 Tagen in einen Dienst oder
einen Orden zu gehen.

Es ist nun eine auffällige Erscheinung, daß seit dem Polizeidekret
vom November 1600, welches der Braut, so sich bei der Hochzeit
unberechtigt mit dem Kranze schmückte, Leibes- und Geldstrafe androhte,
und die Stettmeister zu scharfer Berechnung der Zeit zwischen Ehetag
und Tauffest veranlaßte, so manche junge Frau im 7. Monate der Ehe
die Stiege hinunterfällt und dadurch unwillkürlich die Beschleunigung des
Eintritts mütterlichen Glückes vorruft. Der Stadtphysikus wurde bei
bem häufigen Anblicke der hübschen Kleinen in seinen Anschauungen

ganz schwankend. Manche Abende sann er zweifelnd darüber nach, was die Weisheit in der Natur beabsichtigt, daß sie Geschöpfe, welche erwiesen mit 7 Monaten vollständig lebensreif sind, regelmäßig 9 Monate dem Leben vorenthält.

Düster und ernst werden derartige Vergehen, wenn sie die Rechte bestehender Ehen verletzen. Auch diese Fälle sind zu dieser Zeit nicht selten. Es erscheinen vor Gericht der Stettmeister Wöller, Michel Wittich, Michel Blankenbach, welcher wegen Ehebruchs 8 Tage Turm bei Wasser und Brob und 25 Pfund Strafe erhält und dem Mädchen 50 fl. für den Kranz und 10 fl. für das Kindsbett zahlen muß. Andreas Ganter wird wegen Ehebruchs, Inzestes und Mäjestäts= beleidigung zum Tode verurteilt aber zur ewigen Ausweisung mit Familie begnadigt. Ebenso wird dem Bäcker Jakob Junker, welcher wegen vielfältigen Ehebruchs das Leben verwirkt, auf Fürbitte seiner Frau und Kinder die bürgerliche Strafe erlassen und nur kirchliche Bestrafung zugedacht. Ein ganz unverbesserlicher Sünder ist Jakob Hugg, der Vater des später gerichteten Hexenmeisters Jeremias. Im Oktober 1600 wegen sittlicher Vergehen eingezogen und mit Ruten= strafen belegt, hört er im November vom Rate wegen abermals begangenen Ehbruchs den Richterspruch, daß er alle Zünfte und Gesellschaften zu meiden habe und keine Wehr mehr tragen dürfe. Im Januar 1618 wird er vom Malefizgerichte wegen verschiedener Ehbrüche und wegen inzestuosen Umganges mit Jehlins Tochter zu 100 Pfund Strafe verurteilt und zeitlebens in die 4 Schwellen seines Hauses gebannt. Er leistet den Eid. Im Februar 1620 bringt er durch seinen Sohn die Bitte ein, daß ihm der Gang in die Kirche und von da nach Hause gütigst gestattet werden möchte. Man gab es ihm für seine Besserung zu. Wie Heine auf seinem langen Krankenlager einmal wehmütig wünschte, nur einmal wieder in die Kirche gehen zu können und auf das lächelnde Befremden des Freundes gleich wieder schelmisch bemerkte, daß er ja denn auch das Theater und die Kaffeehäuser wieder besuchen könnte, so hatte es auch unser Jakob mit dem Kirchgang verstanden. Schon im Dezember erhebt eine Magd gegen ihn Unterhaltsklage. Er bessert 3 Pfund und wird neuerdings in das Haus gebannt. Im August 1621 bittet Hugg wieder um Erlaubnis zum Kirchgange und Besuch der Badstube, welche ihm schon früher so gut gethan. Der Rat fürchtete die stärkende Wirkung und schlug die Bitte ab. Auch die Eltern Jakobs scheinen kein Musterleben geführt zu haben, denn der Harfenist Wendelin Schwarz „rückt ihm Vater und Mutter vor." Doch unser Hugg hing mit demselben Stolze an seinen Eltern, wie Schwarz an seinem Vater und gab dem Spötter eine Maulschelle, daß ihm Nase und Mund von Blut überschoß und schüttete einem Dritten, der mitfoppte, den Wein in das Gesicht — zur Feier des Ostertages.

Wenn die Schilderung des Jakob Hugg zum Hexenprozesse in Beziehung steht, weil sie einen Blick in die Familie eines Zauberers werfen läßt, so hat die gegen Hans Ernst geführte Untersuchung für unsre Frage doppelte Bedeutung, weil nicht nur ihr Stoff einen Beweis für die lockere Sittlichkeit abgiebt, sondern auch die Angaben einer Mitschuldigen nach Form und Inhalt ganz mit den Aussagen der Hexen übereinstimmen. Hans Ernst ist wegen Umganges mit etlichen 5 Weibern vorgenommen. Die Eine von diesen, Maria Bonslin, gesteht, daß sie sich mit ihm aus großer Armut, weil sie die Kriegs= steuer nicht aufbrachte und Ernst sie für ihre Willfährigkeit zu zahlen versprach, eingelassen habe und giebt von den Zusammenkünften und von den Eigenschaften des Verführers Schilderungen, auf welche der in lüsterne Phantasie eingelebte Richter bei solchen Rechtssachen gerade so wenig als bei den Hexenprozessen verzichten mochte. Ausschweifender als diese Maria lebte Anna, des Jakobs Kleins Lebensgenossin, welche wegen vieler begangenen Ehebrüche eingezogen worden. Am Schlusse der Verhöre wurde der Ehmann befragt, ob er seine Frau nicht wieder aufnehmen wollte. Er gab aber dem Rate zur Antwort, daß er sein verhaßtes Weib nimmermehr begehre. Sie wurde auf ewige Zeiten der Stadt verwiesen und sollte ihr der Mann sofort die nötigste Kleidung in die Kanzlei liefern und 2 Pfund in den Beutel. Weniger sträflich, wenn auch pflichtvergessen, erscheint die Frau Stettmeister Seuß. Sie liebte den hübschen Hans Trautmann mehr als ihren Gatten und „hing ihm ärgerlich an und gab böses Beispiel". Sie zahlte 10 Pfund Strafe und gelobte an Eidesstatt, dem Buhlen nicht mehr zugethan zu sein und ihrem Gatten eine treue brave Hausfrau zu werden. Hans selbst, der längere Zeit bei Wasser und Brod gesessen, wird gegen Urphede entlassen. Doch wie fest auch Hasses=

schwüre in unserem Herzen sitzen, von den Elben gegen die Liebe
hämmert jeder seiner Schläge ein Stückchen ab, bis sie zertrümmert.
Das Auge der Frau suchte wieder den Geliebten in der Kirche und
auf der Straße, zuletzt sprach sie ihn im Hause des Pater Guardian,
bis der Rat seines frühern Urteils sich erinnerte und die Frau einsetzte.
Sie ward zu 50 Pfund Strafe verurteilt, welche der Herr Stettmeister
zu zahlen hatte unter der Auflage, keine unnütze Reden zu führen und
wieder mit der Frau zusammen als Eheleute zu leben.

All das Leben und Treiben in Offenburg mußte auf die Schutterwälder einen tiefen Eindruck gemacht haben. Im Juni 1628 warfen
sie bei einem Waldstreite, wie es deren viele mit ihnen gab, den
Stadtherrn Bitter vor: „Sie seien so gut wie die Offenburger und
es gäbe mehr H— zu Offenburg als fromme Weiber zu Schutterwald. Der Rat, welcher sonst gerne jeden Anlaß zur Verteidigung
der städtischen Ehre benützte, hörte den Bericht darüber auffallend
kühl an.

Bei einer Bevölkerung, deren Unterhaltung von Hand zu Mund
geführt wird, indem bei den belebteren Gesprächen immer die Erwiderung
in einer Maultäsche besteht, muß es bei den geringsten Anlässen auch
in der Ehe harte Auftritte geben. Wir finden eine erschreckende Menge
gröbster Mißhandlung der Frauen von Seite der Männer und sogar
die Ansicht des Thäters, daß die Schläge zur Hauszucht nötig sind,
vom Rate stillschweigend hingenommen, so daß wir ein rohes Betragen
gegen die Frauen als Regel annehmen dürfen. Die lakonischen
Angaben der Protokolle lassen Erkleckliches vermuten. Jakob Ritter
und seine Hausfrau, heißt es da, haben sich am Weihnachtstage
unter „greulichem Fluchen und Gottesläftern gerauft und geschlagen."
Diese Festtagsfeier währte bei Roman Göppert, der seine Frau stets
„jämmerlich traktiert und übel hauset", das ganze Jahr und dem
Weißgerber Pancraz nahm sie die Nachtruhe, da er „oft" in spätester
Stunde Frau und Kinder samt dem Gesinde zum Hause hinausschlägt.
Wenn Kaspar Vogt einmal in seiner Trunkenheit die Frau zum
Hause hinauswirft, so darf auch die Wache nicht zu ihm herein,
„sondern er wischt mit der Büchse gegen sie". Nachdem Anton Haller
sein Geld alles verpraßt hatte, gönnte er seiner Frau und den Kindern
wenigstens Frieden und ließ die Familie ruhig in Offenburg sitzen.

Wegen starker Mißhandlung und Lebensbedrohung seiner Frau liegt Klaus Bark im Turme, aus dem ihn die auftretende Brightische Krankheit befreite. Wenn Ulrich Rieblinger seine Frau schlug, sie mochte thun was sie wollte, so hatte er besondern Grund zum Verweise, als sie jedem der Kinder ein Ei gab und er schlug sie daher doppelt herum und stieß sie mit dem Axthelm auf die Brust. Nach reiflicher Erwägung sperrte der Rat die beiden zusammen in ein Turmzimmer und gab ihnen nur einen Eßlöffel und einen Teller. Trotz der Kur flog einige Wochen später die Frau unter dem Zorneswortre des Mannes die Stiege hinab. Gesegnete Umstände gab es für die Frau des Ambros Mayer nicht, denn nahes Mutterglück hielt wohl jeden Richter von der Anwendung der Tortur, ihren Mann aber nicht von der gröblichsten Mißhandlung ab. In gewohnter Trunkenheit schlug Lorenz Gütle nachts Weib und Kind aus dem Hause und legt die Wehr zu sich in das Bett. Mit unsäglicher Rohheit prügelte Hans Biler Frau und Kinder in seiner Wohnung der Art herum, daß die Weingärtner und Nachbarn zu Hülfe kamen, wobei sie den einen Sohn auf den Boden niedergeworfen in voller Bewußtlosigkeit fanden. War es nicht gegen den Feind, so war es doch gegen die Frau, daß Emerich Barkhauser gerne die Flaute brauchte, indem er sie dabei an den Haaren in der Stube herumzog. Es wäre Schade, wenn solche Männerthaten allein im stillen Kämmerlein ungesehen vollbracht würden, daher schlug Jakob Drackenbrob auf der Pfalz frischweg die Frau des Christoph Mayer im Sonntagsgespräche. Damit der Rat solchen Ruhmes nicht entbehre, warf der angesehene Lohnherr Käser bei der Hochzeit seines Bäschens Petronella die Frau Berger, nachdem er sie niederländische H— gescholten, zu Boden und kniete auf sie. Die Frau des Junkers Wormbser, Maria von Neuhausen, welche auf dem Schlößchen in der Schlößlebühn für sich und ihre Kinder keinen Pfennig vom Manne erhält, versetzte bei der städtischen Münze ihre Kleinodien für 50 Gulden, mit denen sie zu ihren Verwandten floh. Bitter klagt Frau Kunigunde von Dieperskirch, geb. v. Wiedergrün, ihres Junkers Verschwenden und üble Behandlung nicht allein ihrer Person sondern auch der Kinder. Sie bittet sich Burkhard von Schauenberg, Zwölfer des Rates, und Johann Megerer, Zwölfer des jungen Rates, zu Vögten aus. Der Rat Lorenz

Ochsenfuß wurde vorgeladen, „weil er unterschiedliche Male seine Hausfrau, die sonst eines ehrlichen Gemütes und ihm mit aller Treue gemeint sei, übel, sonderlich aber erst dieser Tage mit einem Farrenschwanz dermassen geschlagen habe, daß sie noch genug daran zu bauen hat." Nach seiner ganz unerheblichen Entschuldigung ist erkannt, daß er 8 Tage oben in Kittelturm gesetzt und inmittelst mit Wasser und Brot gespeist werden soll und weil seine Frau ihn zu verlassen nicht Willens, wird ihr dasselbe freigestellt. Das arme gute Weib ließ sich mit ihm in das Gefängnis setzen. Dem Rate Ochsenfuß machte aber der Ratskollege Martin Meyer den Preis streitig. Er lebte mit seiner Frau in größter Uneinigkeit und schlug sie zuletzt auf der offenen Gasse herum, „welches ihm als einem Ratsherrn, der andre, so in dergleichen Unfrieden leben, abstrafen helfen soll, übel ansteht." Nach dem, was wir gesehen, entspricht dem feinen Gesellschaftstone unter den Männern jener Zeit auch die Form des Umgangs mit Frauen.

Die früher berührten Manifeste haben gezeigt, wie die gesetzgebrische Thätigkeit des Offenburger Rates Religion und Sitte scharf im Auge hatte. Eben so besorgt war aber seine Verwaltung für das körperliche Wohl der Bürger. Tuchschauer prüften die Zeuge, damit jeder in guten Hosen stecke, Fleischschauer und Brotschauer untersuchten die Waare und bestimmten ihren Preis, Herings= und Fischschauer ließen nur frische Lieferung zu und sagten, was die Fische kosten, gutausgewählte feinzüngige Weinschätzer versuchten vor dem Anstiche allen Wein sürfelnd nnd in vollen Zügen und setzten die Schätzung für den betreffenden Jahrgang und den Einzelfall fest. Wie sollten da die Bürger nicht gerne und sorglos trinken, wenn sie sicher waren, daß der Wein preiswürdig und der Hering gut. Sie tranken auch und tranken, es ist eine wahre Lust. Das Wort Durst kam Manchen niemals auf die Zunge. So lang warteten diese nicht mehr mit dem Weitertrinken, daß in der Zwischenpause ihnen ein solcher Gedanken aufsteigen konnte, und wär's auch zu ungewohnter Stunde. Sogar der Stadtschreiber jauchzt im August des Jahres 1591 in die späte Sommernacht seine Freude über den guten Wein hinaus. Dem Rate wird es zu arge. „Wegen des vielfältigen unziemlichen nächtlichen Jauchzens und Schreiens" machte die Behörde kund, ist der Befehl gegeben, durch die Wächter solche Lärmer abzumahnen und wenn dies nicht nütze, sie dem regierenden Stettmeister zur angemessenen Bestrafung anzuzeigen, ohne allen Unterschied, wenn auch der Stadtschreiber selbst darunter wäre". Was vermag jedoch ein Ratsbeschluß über die wirkenden und webenden Mächte der Zeit, besonders der Herbstzeit. Kaum hatte der Magistrat bestimmt „dieweil der allmächtige Gott dieses Jahr einen ziemlichen Herbst bescheert, zudem der Wein gut, so sind dem Lohnherrn die großen Fässer zu füllen", da beschlossen die jungen Patrizier Otto und Wilhelm Fabri, Jonas Schnölein der Jüngere, Christof Walz und Melchior Ott ihr Möglichstes beizutragen, daß die Fässer zur Aufnahme des Segens auch ausreichen, wurden aber wegen nächtlichen Unfugs, den sie nach Erfüllung ihrer fürsorg= lichen Aufgabe getrieben, gehörig bestraft. „Sie haben aber des Rats dekretum in Wind geschlagen, sind stracks zur Sonne gezogen und haben sich beweint und sind bei heller Tageszeit mit Saitenspiel über die Gassen in des Prälaten Hof von Gengenbach gezogen. Ist ihnen solches mit einem guten Filz angestellt worden". Der Verweis wird nicht ernst aufgenommen worden sein, denn die Constoffler sind ja gewohnt, bei Wahlen so ärgerlich zu jauchzen, daß sie bestraft werden müssen, und die Ratsherren Blankenbach, Bader und Hauser selbst lärmen und schreien ja der Art, daß Stettmeister Megerer sie zu türmen befiehlt. Der Rat Blankenbach stürmt betrunken und fluchend durch die Straßen und haut unter der Drohung, einen noch tüchtig fuchteln zu wollen, mit der Wehr grimmig auf die Steine ein. Der Provisor meinte, es stünd ihm das Zechen auch nicht schlecht, wird aber deshalb in den Turm gelegt. Auch der Nachfolger fand den hiesigen Wein nicht sauer und übte die Nächte durch sich und die Schüler im Trinken. Der Lehrer, welcher schon von Bürger Roß eine Maulschelle erhalten, wird getürmt und ein Schüler gejagt. Die Entlassung des Lehrers ließ auch nicht lange auf sich warten. Der neue Provisor trank leider ebenso stark, war aber im Rausche gemütlich, dafür wurde er schon 4 Wochen nach seiner Anstellung von der Magd des Herrn Mehler auf Erfüllung seines gefestigten Eheversprechens verklagt. Der Abschied verschob die Entscheidung des Prozesses. Strafend mußte man auch gegen Pfarrer Teufel von Ekersweier vorgehen. Auf offenem Markte fluchte er vor des Schultheißen Hause

„ganz gotteslästerlich", trieb allerlei Unfug, schlug einen Geistlichen, kränkte eine hübsche Frau mit einem weinduftenden Kusse und wünschte zuletzt allen Donner und Hagel auf die Stadt herab. Der Rat dachte ihm Turmstrafe und 10 ℔ Strafe zu. Kurze Zeit nachher kommt Kaplan Senftling von Gengenbach am Markttage hierher, beschimpft am Kinzigthore die Soldaten, geht vor das Rathaus, nennt den Schultheißen einen Dummkopf, schlägt dem Ratsknecht unter das Kinn, flucht tausend Sakramente und schmäht jeden, der ihm begegnet. Er wird in Haft gebracht, bis er 20 ℔ Strafe bezahlt hat. Schimpften die beiden ohne Veranlassung, so war das anders bei dem Herrn Pfarrer Cornelius Hosemann von Bühl. Er hatte sich bei Quirin Magenzapf ein eigenes Zimmer gemietet und übernachtete oft darin, besonders wenn der Hausherr verreist war. Der Rat bestrafte Quirin um 5 ℔ und verbot ihm weitere Beherbergung des Pfarrers bei 20 ℔ Sühne, damit seine Frau nicht weiter in das alte Geschrei komme. Vier Wochen nachher, es war im wunderschönen Monate Mai, kam der Herr Pfarrer Abends spät schwer berauscht aus seinem Lieblings= hause und rief gegen den Schultheißen, daß er heute nacht um 200 Gulden in Quirins Hause gelegen sei, und zu Baur hinauf, der unter dem Fenster lag, schrie er: „gut Nacht Hexen!" ꝛc. und fluchte hundert Sakramente. An den Thoren wurde Befehl gegeben, den geistlichen Herrn ferner nicht mehr einzulassen. Dem Barfüßermönche Jakobus konnte man schon nachsagen, daß er betrunken celebrire und weinselig in das Wirtshaus komme, dagegen wurde die Meßnerin gerügt, daß sie angesäuselt immer das Chor und die Sakristei durch= streiche, wenn etwa Priesterschaft sich darin finden lassen möchte. Daß man unter solch obwaltenden Verhältnissen dem kranken Organisten täglich 1 Maß Wein armutshalber aus dem Spitale giebt, wird Niemand ungerechtfertigt finden und sich Keiner wundern, wenn Thomas Riedinger im Januar mit seiner Trinklust nicht den Herbst noch abwarten will, sondern lieber beim Wirte Hans Hofmann in Ortenberg gleich seine im Werte von 105 Gulden stehenden zwei Haufen Reben vertrinkt. Das Erträgnis ist so für dieses Jahr gesichert und kein Hagelschlag mehr zu fürchten. Trinkt Thomas aus Sorge vor Wetterschaden, so thuns der junge Michel Wittich und seine Frau aus Zorn, weil die Eltern ihnen nicht unter die Arme greifen wollten.

Acht Tage im Turm bei Wasser und Brot mögen kaum den Unmut
gestillt haben, denn wenige Monate später giebt Adolf Stoß bei
Streithändeln das Zeugnis, der junge Wittich sei eben voll, man
möge zu ihm kommen, wann man will. Der Stettmeistersohn Georg
Linder lebt ohne Hilfe der Frau ebenso leichtfertig und verkauft Ge-
schirr und Silber. Verbot der Wirtshäuser, Androhung der Ausweisung und alle Vorstellungen sind vergeblich und die Frau weiß
sich nur durch Trennung zu retten. Gleichen Sinnes mit Linder ist
Valentin Balbach. Gerade aus der Strafhaft, welche ihm wegen
seines übermäßigen Trinkens zuerkannt worden, entlassen, becherte er
frischweg, verkaufte in der richtigen Erwägung, daß Arbeiten dem
Zechen nur hinderlich ist, all Handwerksgeschirr, läuft mehrere Tage
dem Weine auf dem Lande nach und feierte die Heimkehr durch
Hinausschlagen seiner Frau. Man verbietet ihm alle Wirtshäuser
in der Stadt und auf dem Lande und legt ihm auf, jeden Sonn-
und Feiertag sich dem Ratsdiener in der Kirche zu zeigen. Im
September sitzt er aber schon wieder im Turm, weil er auswärts
bankettirte und ausreißen wollte. Im März des folgenden Jahres ist
er in allen Wirtshäusern angeschlagen, weil er am Samstag auf der
Pfalz auf einen Sitz 12 Schilling vertrank und zu Hause der Frau
einige Löcher in den Kopf schlug. Die Anordnung des Rats, welche
störend in seine tägliche Gewohnheitsgänge eingriff, veranlaßte ihn
alsbald auf das Land zu gehen, wo er 10 Tage hindurch in allen
Kneipen sein Lager aufschlug. Er wird auf ein ganzes Jahr in die
Stadt gebannt. Was wird es helfen? Alte Liebe rostet nicht. So
schwört Michel Stark zum dritten und letzten Male, Jahr und
Tag die Wirtshäuser und das Spiel zu meiden und soll im Rückfalle
am Leben bestraft werden. Der Gotter Hensel ist gleich nicht
gesonnen, so kurz nachzugeben. Trotz des Ratsverbotes besuchte er
die Schenken „denn er müßte ja ein Narr sein, wollte er aus Furcht
auf das Trinken verzichten". Drei Tage Turm und 2 ß Strafe
sind sein Lohn. Gnade findet der alte Klaus Fritsch, welcher ungeachtet
aller Ratsbescheide täglich bombenvoll ist. Er entschuldigt sich, daß
er sein Alter nur noch mit Wein erhalten könne. Wenn es ginge,
wolle er etwas zurückhalten. Klaus hat Recht. Ein langjähriger
Säufer ist wie ein abgeschnittener Baumzweig, den man in ein

10

Trinkglas steckt. Alle gründliche Nahrung ist auch ihm durch den speisefeindlichen Magen abgeschnitten, nur durch Zugießen kann man ihn, wie den abgetrennten Schößling, noch einige Zeit in Saft und Trieb erhalten. Der Rat entließ den Klaus auch mit einem bloßen Zuspruch. Den Anstett Meier dagegen, welcher wegen ganz unverbesserlichen Trinkens und Raufhandels in ein Tollhäusle gesperrt werden soll, jagt man, weil im Gutleuthause kein solcher Platz vorhanden, sofort zum Thor hinaus.

Nicht nur in das Wohl der Familien, auch in die Verwaltung des Gemeinwesens griff diese unwiderstehliche Trunksucht verderblich und gefährlich ein. So legt ein Erkenntnis vom 9. November 1600 jedem der Zoller, Wächter und Soldaten mit Ausnahme des Zollers am Kinzigthor wegen ihres „Vollsaufens, Schlafens und unfleißigen Wächterdienstes" eine Strafe von 3 Tagen Gefängnis auf. Im November 1605 wird denselben bei Strafandrohung eingeschärft, sich nicht mehr zu beweinen. Deßungeachtet sind im Februar 1611 alle Soldaten betrunken und haben ihre Posten am Thore verlassen. Sehr oft müssen in bedrohlichen Zeiten ebenso die Bürger, welche auf die Wache beordert wurden, wegen Trunkenheit bestraft werden. Am 30. Juli 1631 sagt das Protokoll: „Die Wächter unter den Thoren sind sehr unfleißig und die Bürger, welche darunter wachen, sind täglich fast voll und toll, besonders Max Rubeney, welcher vorerst 2 Tage in den Turm gesetzt werden soll." Von den Stadtknechten und Boten heißt es „daß sie in der alten Fahrlässigkeit und höchster Sorglosigkeit befunden werden. Sie erscheinen fast nie auf der Kanzlei, sind dagegen fast alle Tage toll und voll". Es wird mit Dienstentlassung gedroht. Im März 1632, wo verlockend die Maß alter oder neuer Wein nur 6 Pfennig kostet, gebietet der Rat den Bürgern „sich des Trinkens halber alles Ernsts bei hoher Turmstrafe zu mässigen". Dieses Jahr trinken jedoch balde die Schweden den Wein und das Trinkverbot erhält überdies durch Zahlung einer hohen Brandschatzung und ständiger Kriegsbeiträge unliebsame Nachhilfe.

Wie die Städter trieben's auch die auf dem Lande. Die Beamten hatten hier — den beweinten Landvogt mußten sie ungerügt lassen — viel mit der Trunksucht der Bauern zu thun. Diese schwuren wohl ab, doch die eingewurzelte Lust brach den Eid. Von all den

tapfern Zechern der vergangenen Jahrhunderte mag hier einer nur die
Gewalt und das Unheil seiner Räusche uns klagen. Seine Urfehde
lautet:

„Ich Hannß Scheur, seßhafft Im Haffengrundt, Ortenberger
Gericht, bekhenn mit diser schrifft: Nachdem Ich mich zuewider
der Röm. Keyserlichen Majestet meines allergenedigsten Herrn
ußgangenen Mandaten mit dem Zuedrinkhen, Gotzlästern
Fluchen und schweren bisher offtermals übersehen und der-
wegen über alles verwarnen, gebot und verbott mich gegen meine
Nachburen Im ermelten Haffengrundt dermassen so wider-
willisch, zenkhisch und haberisch mit Balgen, schlagen
und unnüzen treuwungen (Drohungen) gehalten, bewisen
und erzeigt, also das berürte meine benachburten sich besselben
unriewigen Wesens merwols gegen einer Obrigkeit erklagt
sich erpotten haben, höchstgedachten Pfandherrn im Ortenau alle
Steuer Pott-, fron- und andere Dienstbarkheitt, so Ich als ein
underthan Järlich zue geben und zue leisten schuldig, für mich
frey dergestalt zue geben und zue erstatten, daß mir von Inen
uß dem Haffengrundt hinweg zue ziehen gebotten werde, wo nitt,
würden sy von noth wegen bodannen verziehen miessen:
Der wegen bin Ich dann uß solchem wolverschulden und auch
sonderlich uß diser ursachen, deß Ich Meyen Jacoben bei nechtlicher
weil uf freyer Kaiserlicher Straßen übel geschlagen, In des
Edlen gestrengen Herrn Georgen Zornen von Bulachen, Ritter
Höchsternannten Kayserlichen Majestät Rats und Landvogts im
Orthenauer, meines gnädigen Herrn Hafftung und gefenkhnuß
zue Orttenberg kommen und dar Innen etlich tag und necht
erhalten worden bin. Wiewol nun wolgedachter Herr Landvogt
ursach gehabt, mich meiner begangenen Handlungen nach harter
zu strafen, so haben doch sein Gnad uß barmherzigkeit und milte,
ein besserung meines Wesens und wandels zu verschaffen mich
der gefenkhnuß nach volgender gestalt erlassen. Nämlich daß ich
ein uffgehabten eidt leiblich zue Gott und den heyligen schweren
und mich damit verbinden solle, daß Ich Inn Jaresfrist von
heut Dato anzureitten In der Landvogtei Orthenauw, seiner
gnädigen Verwaltung, in kheine offene herberg oder würtzhuß nit

einziehen noch darinnen weder Spis noch Dranckh nemen, darzue
Im bestimpten Jar kein schädlich gewer mehr tragen, sondern
mich derer gentzlich entschlagen und enthalten, und, wenn gemelte
Jarsfrist sich geendet, daß ich alsdann bei wolgebachtem Herrn
Landvogt umb Relaxierung und entschlahung solchen Gebots
wider anhalten und mich bescheidtes erholen, deßgleichen mich
hinfürther des Zubrinkhens, unnützen treuworts, haberns, schlagens
und balgens gegen obernante meinen Nachburen im Hassengrundt
und sonst meniglich enthalten, sondern mich frieblich und gehor-
samblich, wie einem erlichen gesellen gebürtt halten und bewisen
soll und woll. Daß Jch daruff zue undertheniger dankbarlichen
Bekhantnuß freiwilliclich globbe und ein eidt mit ufgehabten
Fingern zue Gott und den heyligen geschworen hab, bem allem
wie obstad vestiglich und getreuwlich nachzukommen. Darzue
bis mein gefenkhnuß und was sich beßhalb zuetragen gegen
wolgemelten Herrn Landvogt und gemeinen amptleuthen Im
Orthenauw, beßgleichen meinen benochburtten Im hassengrundt
und aller benen, so zue biser meiner gefenkhnuß Rhat und thabt
gethan haben, mein lebenlang nymmermehr zue rechnen noch
schaffen gethan werde In keim Weg. Wo ich aber an mir selbs
so unthur sein und bise urphebt mit allem Jrem Jnnhalt In
einichem Weg verbrechen und nit halten würde, so soll alsdann
mein gnädiger Herr Landvogtt volle Gewalt und macht haben,
mich strackhs und denselben bemnächsten nach widerumb senkhlich
einzulegen und volgendts one einiche gnabe der Landvogtei
Ortenauw, seiner Verwaltung, mein lebenlang uf ein neiw
urphebe zueverkennen und zu verweisen. Vor solchem
allem soll auch mich nichts schützen noch schirmen kein
gnabe, gericht noch recht, dann Jch mich beren aller mit
sampt bem Rechten gemeiner Verzihung widersprechende verzigen
und begeben habe, alles gertreulich und ungevorlich. Diß zu
urkhund hab Jch erpetten die fürnemen und Ersamen Schult-
heissen und Zwölffer des Gerichts Ortenberg, baß des gerichts
Jnsigel an biese meine urphebe thuen druckhen, welches wir
Jngemelte Besigler bekhennen uf Pitt (boch was unsern rechts-
nachkommen und bem Gerichte ohne schaden). Gethan und geben

uf den 20, Tag July anno 1500 und Jn Ein und sechtzig."

Man sieht, die Richter wahren sich und ihren Nachkommen trotz der Urfehde des Scheur alle Trinkerrechte. Der Hans aber, dessen Räuschen nicht bloß ein Heuwagen sondern eine ganze Gemeinde aus dem Wege gehen wollte, schien jetzt mit seinem Durste übel daran. Rechts= und auslegekundig konnte er sich helfen und ging, um zu trinken, in das eine halbe Stunde entfernte Gebiet der vom Landvogt unabhängigen freien Reichsstadt Offenburg. Kleinstaaten hatten auch ihre tröstliche Seite.

Mehr denn Alle sind die Menschen zu beklagen, welchen die Natur herrliche Anlagen und heißen Drang zu ihrer Entfaltung als Angebinde in die Wiege gegeben hat und denen alsdann das uner= bittliche Leben die Entwicklung und Ausbildung versagt. So hatte Hans Ambros und dessen Frau in Ortenberg dieselbe Trinkergabe, wie Scheur, aber keinen Wein. Sie konnten daher nicht widerstehen, dem Offenburger Stettmeister Megerer einen verborgenen Gang in den gefüllten Keller zu graben und dort mit Heber und Glas den Gaumen zu üben. Waren sie müde, so fuhren die beiden Kellerknappen mit einigen Häfen oder einem Kübel voll des besten Weines durch den Stollen zu Tage, um zu Hause die Kunst nicht ruhen zu lassen. Als sie endlich von Megerer gefaßt worden, war es ein Glück für sie, daß im Jahr 1613 die Hexenverfolgung nicht gerade im Schwunge. Die Kellerfahrten hätten vortrefflich für die Untersuchung gepaßt.

Wenn wir einen Rückblick auf die kurze Schilderung der wuch= tigen Fehler in der Gesittung unserer Vorfahren während der ersten Hälfte des 17. Jahrhunderts werfen und sehen, wie diese geistigen Schäden nicht bloß die eine oder die andere Volksklasse, sondern alle Schichten der Bevölkerung zusammen behafteten, so werden wir begreifen, daß unter der Herrschaft des Hexenglaubens ein Hexenrichter, der in solcher geistigen Atmosphäre aufgewachsen war, seine Untersuchung in der Richtung führen und eine gefolterte Frau in der Weise die Ge= ständnisse ablegen mußte, welche wir in den besprochenen Hexen= prozessen zu unserer anfänglichen Verblüffung gefunden haben. Der Wahn konnte seine Vorstellungen und Gestaltungen hauptsächlich nur den Gebieten der Gottesverleugnung, der Unkeuschheit und der

Schwelgerei entnehmen. Die zweite Gattung der Zauberthaten, welche gehässig gegen den Nebenmenschen gerichtet sind, war dem Folterrichter, wollte er je im Scheiterhaufen den Triumphbogen für seine erfolgreiche Thätigkeit erbauen sehen, aufgezwungen, da nach dem Gesetze eine Hexe nur dann durch Feuer und Schwert hingerichtet werden konnte, wenn sie durch die Zaubereien S c h a d e n angerichtet hatte. Der Untersuchungsrichter ließ bis zu Erbringung dieses Nachweises die Folter nicht ruhen und jener verbreitete Aberglauben von der Macht der Haselgerte und die durchgängige und vollständige Unwissenheit in den Naturwissenschaften boten reichliches Feld zu Anklagepunkten.

Neben den ansässigen Bürgern, welche wir bei der obigen Schilderung betrachtet haben, gab es aber noch eine zahlreiche f a h r e n d e  B e v ö l k e r u n g, welche ohne feste Heimat sich nur auf einige Zeit irgendwo einnistete, um die Gegend abzusuchen und dann wieder weiter in das Land hineinzuwandern. Der eine Teil davon waren Bettler aus allen Gegenden, welche manchmal zur großen Plage der Dörfer und Städte wurden. Für gewöhnlich waren die Offenburger nicht hartherzig, gegen die Armen vom Lande so wenig als gegen die Einheimischen. Der armen Frau Stöcklin giebt der Rat 5 ℔ zu einer Badekur. Der Witwe Agathe Gabler wird „auf ihr demütig Bitten und in Ansehung ihrer Arbeitseligkeit und großen Schadens an einem Schenkel, damit sie in Bad ziehen und verhoffende Gesundheit wieder bekommen mag, um Gottes Willen 3 ℔ vergünstigt." An den hohen Festtagen (Charfreitag, Ostermontag, Allerseelen 2c.) werden Nahrungsmittel an hiesige und nachbarliche Arme verteilt. An Ostern 1626 sehen wir 5 Viertel Frucht zu Brot, 5 Ohm Wein und 5 Gulden für diesen Tag als Almosen ausgeworfen. Fast täglich während des Jahres kamen die Dürftigen einzeln zum Bettel herein. Mißbrauch und Beimischung des in der Umgebung niedergelassenen fremden Gesindels machten aber Beschränkungen nötig. Man traf nun mit den Ortenauischen Beamten das Übereinkommen, daß sie den eigentlichen Hausarmen Zettel mit Spangen anhängen sollen. Die solches trugen, wurden an Montagen eingelassen, um Brot und Anderes zu erbitten. Gar lästig wurden aber die fremden Bettler, wenn sie sich in großen Schaaren besonders auf dem Freihofe gesammelt hatten. So giebt der Rat im März 1605 wegen der vielen zudringlichen Bettler und Handwerksburschen, welche vom Freihof aus der Bürgerschaft schwer fielen, besondere Verhaltungsmaßregeln an die Soldaten und im Februar 1630 mußten „die Strolchen" täglich durch die Bürger hinweggetrieben werden. Eine zweite Art in dem Wander= Volk waren die Zigeuner. Im Juni 1607 wurde von der Stadt und der Landvogtei ein gemeinschaftlicher Tag festgesetzt, um sie und die Herrenlosen aus der Gegend wegzujagen. Eine dritte Sorte dieser Landplager bildeten streifende ausgefeimte Schelme aus aller Herren Länder, von dem gewöhnlichen Strauchdieb bis zu dem feinern Gauner. In dieser Schaar fanden sich alle die zusammen, welche von den Städten wegen Vergehen oder Verbrechen jedem Begriff von Heimatrecht zum Hohne kurzweg aus ihrem Gebiete verjagt worden waren, wie von Offenburg die Ganter, Junker, Meyer und Andre. Nur einer möge aus der zahlreichen Reihe zur nähern Besichtigung vortreten: es ist der Soldat Joseph Märklin von Griesheim. Er kannte den Geist der Zeit. Die Ehe wurde bloß kirchlich geschlossen ohne hemmende Vorbereitungen, was den Offenburger Rat in Anbetracht der daraus entspringenden Mißstände schon im Dezember 1594 zum Gesetze veranlaßt hatte, daß unbedingt vor dem Kirchgange die bürgerlichen Eheabreden getroffen werden müßten. Joseph aber wußte den Mädchen den Vorzug des Rechts völlig ungehinderter Ehe klar zu machen. Im Jahre 1610 kam er nach Oberachern und traf dort die Agnese Ohnmacht, welche ihm recht gut gefiel, aber ihn erst zur Bewerbung reizte, als er ausfindig gemacht hatte, daß sie etliche Gulden ersparten Lohn, 3 wollene Röcke, 2 barchente Übermieder, eine Juppe und ziemlich Leinwand besaß. Er schwur ihr Treue und Ehe zu und nahm sie samt Hab und Gut mit fort, um bei einem tüchtigen Pfarrer sich trauen zu lassen. Dem sittenstrengen Joseph erschien kein Geistlicher religiös genug, um seine Ehe glücklich zu segnen und so zog er von einem Kirchdorfe zum andern, bis Geld und Kleider vergeudet waren. Da jagte er Agnes fort, sie möge einen andern suchen, der sie ohne Geld und Kleider nähme. Traurig diente sie später beim Rotsamhauser Schaffner im Stelzengäßel zu Straßburg. Immer am Festtage des heiligen Nährvaters zählte sie weinend ihr weniges Geld und schloß dann Truhe und Herz wieder für ein ganzes Jahr lang zu. Kaum war es das erste Mal, daß sich der Deckel und das Herz verschloß, so erschien Märklin mit einer langen Elsässerin, welche er in Barr geehlicht haben wollte, wieder in Oberachern bei Adolf Frech, welchem aber andere Knechte erzählten, daß Joseph viele Mägde hinwegführe, welche er beraube und dann wieder von sich wegschlage. Hans Nickel sah ihn auch wirklich bald nachher mit einer langen Schwäbin und später mit einer Hänferin aus dem Oberland. Auch bei Hans Karcher in der Hub kehrte er oft ein — immer mit einer andern Köchin. Kam er allein, so rühmte er sich frech und ausgelassen, daß er wieder ein Dienstmädchen wisse, welche ordentlichen Lohn gespart habe und die er nun fangen wolle. Erst vor wenigen Wochen kam „ein rotprecht Mensch, das früher brav in Renchen gedient und vor etwa einem Jahre mit Joseph in der Hub übernachtet hatte und beklagte sich, daß dieser sie von sich geschlagen und mit Andern umherziehe." Georg Wohner zu Ottersweier, bei dem Joseph auch manchmal einkehrte, scheint weniger durch dessen Leidenschaft für Mädchen als durch andere Liebhabereien von ihm unangenehm berührt worden zu sein. Märklin kam gewöhnlich in Gesellschaft eines Kameraden. Beide brachten jeweils auffallend viele Gänse und Hühner in das Haus, dagegen sind dem Wohner selbst die eigenen alle in einer Nacht verschwunden. Da aber stets viele Gartknechte bei ihm Obdach verlangten, so mußte er nicht sicher, obs wirklich Joseph war, der den Hof so gründlich gesäubert hat. Im Dezember 1615 führte der Mädchenräuber die freundliche Spinnerin Susanna Küfer von Geisingen aus Oberachern heraus auf seinen langen Weg zur Trauungskirche. In Windschläg hatte er mit der Braut jedoch erst ihre Schürze vertrunken, als ihn die landvögtischen Schergen ergriffen. Susanne brach zusammen und mit dem Gürtel, mit der Schürze riß der schöne Wahn entzwei.

Märklin hieße besser „Kräutlin", „Hämmerle", „Federle" oder „Hölzlin", welche Namen wirklich einzelne Geschlechter der Gegend führten, denn solche Erscheinungen sind für den Hexenwahn das Vorbild des buhlerischen Unbekannten, welcher in allen Hexenprozessen mit so überraschendem Glücke beim ersten Anlaufe alle Frauen zur Hingebung überredet und beim Abschiede auf seiner Besuchskarte einen jener Namen hinterläßt.

Solcher Boden war es, auf den der Same des Hexenglaubens fiel, um tausendfältige Frucht zu tragen.

Zog dieses Geistertreiben in „mondbeglänzter Zaubernacht" der guten alten Zeit gespensterhaft an unserer beklommenen Seele vorüber, so atmen wir, als wie von einem schweren Traum erlöst, froh wieder auf, wenn die frische Morgenluft der Gegenwart uns in das Gesicht herweht. Ja, da liegt es, das schmucke Neu=Offenburg! Unter dem Richterspruche der Weltgeschichte hat es durch die Brandfackel des Königs von Frankreich, welcher es im Jahre 1689 bis auf das Kapuzinerkloster ganz auf den Grund niederbrannte, die schwere Schuld seiner Scheiterhaufen gesühnt. Mit bewundernswerter Kraft in unverzagter Ausdauer erhob es sich wieder aus der Asche. Die Stadttürme sind nun gefallen, der Mauergürtel zerrissen, die Gräben verbaut, die Wälle und Basteien fast spurlos verschwunden. In den breiten luftigen langgestreckten Straßen wohnt in gesunder geräumiger Behausung eine thätige, freimütige, lebensheitere Bevölkerung. Kein Eid des Religionsbekenntnisses hemmt die Einkehr. Neben dem hohen schlanken Renaissance=Turme der katholischen Kirche erhebt sich in gothischem Stile der Turm des protestantischen Gotteshauses. In der Schule, im Leben und auf einem Friedhofe im Tode sind die Einwohner aller Konfessionen geeint. Bis heute haben sie den zersetzenden, alle wahre Schaffungskraft verzehrenden Religionshaß und selbst einen festsitzenden politischen Parteigroll ferne zu halten verstanden und die Bürger und Einwohner scheinen dazu angethan, auch künftigen gegenteiligen Versuchen standhaft zu wehren und verständnisvoll in gemeinsamem Streben an den Aufgaben der Gemeinde zu arbeiten. Diese Gesinnung werden sie bewahren und von den Vorfahren nur jene Liebe zu freiem Gemeinwesen als Erbschaft hüten.

Aus der Betrachtung der Hexenverfolgung können wir die beglückende Befriedigung und feste Überzeugung schöpfen, daß die Entwicklung der Menschheit, wenn auch manchmal in Spiralen, doch immer vorwärts und aufwärts gegangen ist und gehen wird.

Die frei gewordenen Naturwissenschaften haben nicht nur in dem Volke die Erkenntnis einer Menge Wahrheiten niedergelegt, welche die Absichten einer etwaigen besondern Pflege des Wunder= und

Zauberglaubens vereiteln, sondern sie haben auch durch die Erfindung der Eisenbahn, Dampfschiffahrt und Telegraphie und die folgeweise Leichtigkeit und Raschheit des Verkehrs und Gedankenaustausches über die civilisirten Völker eine zusammenhängende schnellbewegliche geistige Bildungs-Atmosphäre geschaffen. Wie stets in dem natürlichen Luft= kreise die Luftberge, sobald sich irgendwo ein Luftthal gebildet hat, durch Sturm oder Windzug sich in dieselbe ergießen und wieder ausfüllen, so wird die Bildungshöhe der einen Völker alsbald, wenn in einem andern Lande eine sich absonderlich geltend machende Bildungstiefe entsteht, diese durch gewaltsamen Einbruch oder durch mächtiges Zuströmen ausebnen. Es wird in einem Staate nicht nur kein Hexenwahn, sondern überhaupt keine Verfolgung mit dieser furchtbaren Unmenschlichkeit und erstaunlichen Ausdauer mehr möglich sein, wie sie uns das 17. Jahrhundert vor Augen führte.

Verächtlicher Stolz und hochmütige Überhebung jedoch, als seien bei unserer Bildung ähnliche Vorgänge eine völlige Unmöglichkeit, sollte uns ferne bleiben. Es herrscht noch dieselbe Zugänglichkeit für trügerische Wahrheit, es leben noch dieselben Leidenschaften zu ihrer wissen= oder gewissenlosen Anpreisung und dieselbe Verblendung zu ihrer Annahme. Mußten wir doch erst sehen, wie selbst ein Teil unserer gebildeten Jugend ihre edelsten Gefühle, die Rechts= und Vaterlandsliebe, einer ganz gewöhnlichen Parteijagd auf eine der höchsten Errungenschaften der Neuzeit — auf die Glaubensfreiheit — als Hetzhunde lieh. Der Ruf „Semite" wird später einmal anders heißen, die Jagd ist aber dieselbe. Nur ihre Richtung wechselt. Ist sie losgebrochen, so schützt nichts, auch nicht ein langes wahrhaft ehrlich und uneigennützig im Dienste des Volkes verbrachtes Leben. Alsdann schwankt, was man fest glaubte und, was man treu ver= meinte, fällt ab. Mag daher bei all seinem Thun und Lassen Jeder sehen, daß er immer als treuen Freund, welcher alle seine Entschlüsse und Handlungen nach reifer Überlegung bedingungslos billigt und in Überzeugungstreue unentwegt an seiner Seite steht, wenigstens Einen behalte — sich selbst. Wer hiefür Sorge trägt, hat auch in den unseligsten Geschicken des Lebens einen mutigen Gefährten, wie Konradin einst seinen Friedrich von Baden.

**Buchner, W., Ferdinand Freiligrath.** Ein Dichterleben. 2 Bände, mit 2 Porträts, eleg. brosch. Preis 15 *M.*, eleg. in Leinwand mit Goldpressung gebunden 18 *M.*

„Rodenberg's deutsche Rundschau" äußert sich über das Werk in folgender Weise:

„Unsere biographische Litteratur ist um ein schönes Werk reicher, um eines, das gewissenhaft vorbereitet, gut geschrieben, aus authentischen Nachrichten hervorgegangen, mit Dankbarkeit und einer Art wehmütiger Freude von Denjenigen gelesen wird, die Freiligrath im Leben näher gestanden, da es so viel Neues und Schönes bringt. Das Buch wird aber auch die größere Zahl Derer, welche bisher Freiligrath nur als Dichter kannten und verehrten, für dessen Persönlichkeit im vollen Sinne des Wortes gewinnen."

**Krause, Dr. Albrecht, Die Gesetze des menschlichen Herzens,** wissenschaftlich dargestellt als die formale Logik des reinen Gefühles. Ler. 8⁰. Velin-Papier 1876. Geh. 15 *M.*

— — **Kant und Helmholtz,** über den Ursprung und die Bedeutung der Raumanschauung und der geometrischen Axiome. Ler. 8⁰. Velin-Papier. 1880. Geh. 3 *M.*

— — **Populäre Darstellung von Immanuel Kant's „Kritik der reinen Vernunft."** Zu ihrem 100jährigen Jubiläum verfaßt. 2. Auflage 1882. Geh. 2 *M* 40 *₰.*

— — Zur Widerlegung des Satzes: „**Ueber den Geschmack läßt sich nicht streiten."** 1882. gr. 8⁰. Velin 56 Seiten. Preis 1 *M.*

**Nadler, Karl Gottfried, „Fröhlich Palz, Gott erhalts!"** Gedichte in Pfälzer Mundart. Mit Nadler's Bildnis von Jacob Götzenberger und 21 Illustrationen von A. Oberländer. (VIII. 275 S.) gr. 12⁰. (1880). Dritte Auflage. (1881). Eleg. brosch. *M* 2.25, eleg. in Leinwand geb. *M* 3.—

**Piper, Dr. Paul, „Die Verbreitung der deutschen Dialekte bis um das Jahr 1300."** Auf Grund der alten Sprachdenkmäler bearbeitet und kartographisch dargestellt. Mit einer kolorirten Karte im Maßstabe von 1 : 4,700,000. Separatabbruck aus der Zeitschrift für wissenschaftliche Geographie. (8 S.) Ler 8⁰. 1880. geh. *M* —.80.

Lightning Source UK Ltd.
Milton Keynes UK
UKHW020634260820
368857UK00004B/403